Un enfant sain
dans un corps sain

Révision : Sylvie Massariol
Correction : Anne-Marie Théorêt
Infographie : Luisa da Silva

Catalogage avant publication de Bibliothèque et Archives nationales du Québec et Bibliothèque et Archives Canada

Côté, Stéphanie

Un enfant sain dans un corps sain : aidez votre enfant à développer de bonnes habitudes alimentaires

1. Enfants - Alimentation. 2. Cuisine. I. Titre.

RJ206.C67 2008 613.2083 C2007-942414-7

01-08

Dépôt légal : 2008
Bibliothèque et Archives nationales du Québec

ISBN 978-2-7619-2467-2

DISTRIBUTEURS EXCLUSIFS :

- Pour le Canada et les États-Unis :
  MESSAGERIES ADP*
  2315, rue de la Province
  Longueuil, Québec J4G 1G4
  Tél. : 450 640-1237
  Télécopieur : 450 674-6237
  * une division du Groupe Sogides inc.,
  filiale du Groupe Livre Quebecor Média inc.
- Pour la France et les autres pays :
  INTERFORUM editis
  Immeuble Paryseine, 3, Allée de la Seine
  94854 Ivry CEDEX
  Tél. : 33 (0) 4 49 59 11 56/91
  Télécopieur : 33 (0) 1 49 59 11 33
  Service commandes France Métropolitaine
  Tél. : 33 (0) 2 38 32 71 00
  Télécopieur : 33 (0) 2 38 32 71 28
  Internet : www.interforum.fr
  Service commandes Export – DOM-TOM
  Télécopieur : 33 (0) 2 38 32 78 86
  Internet : www.interforum.fr
  Courriel : cdes-export@interforum.fr
- Pour la Suisse :
  INTERFORUM editis SUISSE
  Case postale 69 – CH 1701 Fribourg – Suisse
  Tél. : 41 (0) 26 460 80 60
  Télécopieur : 41 (0) 26 460 80 68
  Internet : www.interforumsuisse.ch
  Courriel : office@interforumsuisse.ch
  Distributeur : OLF S.A.
  ZI. 3, Corminboeuf
  Case postale 1061 – CH 1701 Fribourg – Suisse
  Commandes : Tél. : 41 (0) 26 467 53 33
  Télécopieur : 41 (0) 26 467 54 66
  Internet : www.olf.ch
  Courriel : information@olf.ch
- Pour la Belgique et le Luxembourg :
  INTERFORUM editis BENELUX S.A.
  Boulevard de l'Europe 117,
  B-1301 Wavre – Belgique
  Tél. : 32 (0) 10 42 03 20
  Télécopieur : 32 (0) 10 41 20 24
  Internet : www.interforum.be
  Courriel : info@interforum.be

Gouvernement du Québec – Programme de crédit d'impôt pour l'édition de livres – Gestion SODEC – www.sodec.gouv.qc.ca

L'Éditeur bénéficie du soutien de la Société de développement des entreprises culturelles du Québec pour son programme d'édition.

Le Conseil des Arts du Canada
The Canada Council for the Arts

Nous remercions le Conseil des Arts du Canada de l'aide accordée à notre programme de publication.

Nous reconnaissons l'aide financière du gouvernement du Canada par l'entremise du Programme d'aide au développement de l'industrie de l'édition (PADIÉ) pour nos activités d'édition.

Stéphanie Côté, nutritionniste

Un enfant sain dans un corps sain

Péface de
Ricardo Larrivée

LES ÉDITIONS DE L'HOMME

À Laura

PRÉFACE

Rien ne représente plus le partage et la famille qu'un repas fait maison. Il y a dans le geste de cuisiner pour ceux que l'on aime un acte unificateur universel. Protéger et nourrir les êtres aimés est un besoin viscéral autant chez l'animal que chez l'humain.

Mais voilà que, depuis les 30 dernières années, la donne a changé. Nous sommes désormais en voie de devenir le seul mammifère terrestre à ne plus transmettre à sa progéniture l'art de s'alimenter et de devenir autonome. Cette nouvelle réalité est à mon sens une tragédie non seulement du point de vue de la santé, mais aussi de l'identité culturelle. Combien de traditions allons-nous voir disparaître avant de réagir ? Combien d'enfants verront leur avenir hypothéqué par une mauvaise alimentation ?

Bien manger et être en santé, qu'est-ce que c'est ? Ce n'est sûrement pas réinventer le monde à 18 h, après une journée éreintante. Cuisiner ne devrait pas être une tâche repoussante. Au contraire, c'est fou ce que l'on peut faire en 30 minutes, mais encore faut-il avoir des idées.

Et le temps, dans tout cela ? Si on ne le prend pas pour nous et ceux que l'on aime, quelqu'un ou quelque chose nous le subtilisera de toute façon. Que ce soit la télé, l'ordi, le travail rapporté à la maison ou je ne sais quoi d'autre.

Stéphanie Côté a justement voulu cerner la problématique de l'obésité et de l'alimentation chez les jeunes et, surtout, offrir des pistes toutes simples pour nous faciliter la vie. Ce livre offre des solutions parfois connues, qu'il est bon de se remémorer, et des idées nouvelles qui sont faciles à appliquer au quotidien.

RICARDO LARRIVÉE,
cuisinier et animateur

REMERCIEMENTS

Un merci sincère à…

Hélène Laurendeau, pour ses précieux conseils.

Ricardo, de m'avoir fait l'honneur d'écrire la préface.

Mes amies et collègues (et mamans) Danielle Dubois, Fannie Dagenais et Marie-France Côté, pour leur lecture, leurs commentaires et leurs suggestions.

Mes collègues Nadia Charette et Marie-Josée Santerre, pour avoir partagé leur expérience et leur savoir avec moi.

Manon Paquette et « ses » Ateliers cinq épices, pour leur générosité. Vous les remercierez vous aussi, après avoir essayé leurs recettes !

Mes sœurs, Nathalie et Mélanie, mon amie Catherine Bouchard et ma stagiaire, Anne-Aimée Charest-Crépeau, pour avoir testé mes recettes, et à mes amours, Laura et Jean-Philippe, pour en avoir goûté plusieurs versions.

Les Éditions de l'Homme, pour m'avoir permis d'écrire ce livre et de partager mes découvertes et ma passion.

Ma mère et mes deux grands-mamans, pour m'avoir fait connaître les plaisirs de la cuisine et des repas en famille.

Mon père, pour s'être autant impliqué dans les activités sportives de ses filles.

JP, pour son soutien, sa patience et sa compréhension au cours des nombreuses soirées que j'ai passées en tête-à-tête avec… mon ordinateur.

AVANT-PROPOS

J'étais grosse comme je ne l'avais jamais été quand l'idée d'écrire ce livre a germé en moi. Étais-je préoccupée par mon poids ? Non, j'étais enceinte ! Un bébé, même pas encore né, était devenu le nombril de mon monde. Au nombre de mes préoccupations à son égard : l'alimentation. Déformation professionnelle ? Je dirais plutôt « déformation maternelle ». Toutes les mamans souhaitent le meilleur pour leur petit. Or, tant à la télévision que dans les journaux, les magazines et même dans les chaumières, on parlait d'obésité infantile depuis quelque temps déjà au moment de ma grossesse. Cela m'a fait réfléchir. Et ne trouvez-vous pas qu'on réfléchit différemment quand on s'apprête à donner la vie ? Comment élever son enfant pour qu'il aime manger, qu'il aime bien manger et qu'il s'aime ?

Si la sensibilisation face aux problèmes de poids et, surtout, leur prévention ont été la motivation initiale pour écrire ce livre, elles sont rapidement devenues un prétexte pour parler des habitudes de vie qui déterminent la santé de notre progéniture. En réalité, le poids n'est qu'un aspect de tout cela, puisqu'il est possible d'être en santé sans être mince et, à l'inverse, d'être mince sans être en santé. Il est plus important de manger sainement et d'être actif que de se préoccuper seulement de la question du poids. Ce livre s'adresse donc à tout parent soucieux du bien-être de son enfant, qu'il soit un ado, un bambin, un bébé ou même un embryon. Si vous avez posé les yeux sur ce livre, c'est certainement votre cas.

Manger sainement, c'est une question d'aliments, certes, mais c'est beaucoup plus que cela. C'est une question de comportements, d'attitudes, de relations et d'expériences. En tant que parent, vous avez beaucoup à offrir à votre enfant, à commencer par de l'amour, de la nourriture et un bon exemple. De nombreux facteurs, parfois très subtils, façonnent la relation de votre rejeton avec la nourriture. En prendre connaissance, c'est lui rendre service. C'est même un cadeau que vous lui faites pour la vie. Pour sa vie.

Un repas est un bonheur qu'on partage le plus souvent avec des gens qu'on aime. Votre petit apprend cela dès son plus jeune âge. Manger est un plaisir. Bien manger aussi. Et le meilleur repas pour la santé est celui pris en famille et dont on apprécie chaque bouchée.

DES RECETTES EN CADEAU

Vous trouverez, à la fin du livre, une trentaine de recettes faciles à faire et délicieuses. Et nutritives ? Mais bien sûr ! De celles-ci, six m'ont généreusement été données par Les Ateliers cinq épices. Cet organisme œuvre principalement auprès de jeunes en milieu scolaire (de quartiers défavorisés) à Montréal. J'en parle plus longuement au chapitre 12, mais disons, en guise d'introduction, que des nutritionnistes passionnées enseignent notamment aux enfants d'où proviennent les aliments et surtout, elles s'amusent avec eux à les cuisiner. Les enfants démontrent un vif intérêt envers la bouffe. Ils sont super fiers de manger leurs réalisations culinaires et de répéter leurs expériences à la maison. Les Ateliers cinq épices rendent ainsi service à toute la famille ! En tant que parents, les gens des Ateliers cinq épices et moi-même vous invitons à poursuivre la même mission : impliquez les enfants dans la préparation des repas et prenez plaisir à manger tous ensemble. Si l'on peut se permettre d'ajouter un mode d'emploi aux recettes que nous vous proposons, c'est bien celui-là !

Les Ateliers cinq épices, merci encore !

Bonne lecture et bon appétit !

Première partie

CONSTATATIONS… ET DÉSOLATION

Chapitre 1

LES CAUSES ET LES CONSÉQUENCES DE L'OBÉSITÉ

DES STATISTIQUES PEU RELUISANTES

Marie-Josée Santerre est nutritionniste à l'hôpital Sainte-Justine. Elle rencontre des jeunes obèses tous les jours. Dans le centre de santé et de services sociaux (CSSS) de sa municipalité, Nadia Charrette, membre du groupe de diététistes-nutritionnistes Harmonie Santé (voir les ressources supplémentaires à la fin), reçoit aussi régulièrement des enfants et des adolescents aux prises avec un problème de poids. Il en va de même pour bon nombre de mes collègues en pratique privée qui travaillent auprès des jeunes, des petits garçons et des petites filles âgés d'à peine 3 ou 4 ans, aux jeunes hommes et aux jeunes femmes âgés de 16 ou 17 ans. Aucun groupe d'âge n'est épargné. Et leur santé n'est pas épargnée non plus, puisque l'obésité peut avoir de nombreuses conséquences sur ce plan. On dit d'ailleurs que la génération actuelle, tristement baptisée XX-large, a une espérance de vie moins longue que celle de ses parents.

Sans nécessairement souffrir de problèmes de santé associés à l'obésité, beaucoup de jeunes affichent tout de même un excès de poids. Les statistiques varient selon les sources et les méthodes utilisées, mais on estime qu'au Canada et au Québec, en 2004, c'était respectivement 26 % et 22 % des jeunes de 2 à 17 ans qui étaient concernés. En France, en 2000, 16 % des jeunes âgés de 6 à 15 ans avaient un problème de poids. La situation était peut-être moins grave qu'aux États-Unis, où 32 % des adolescents et 15 % des enfants affichaient un surplus de poids en 2003-2004, mais elle n'est pas moins préoccupante.

Matière à réflexion

Environ 1,5 million de jeunes Canadiens ont un surplus de poids.

Source : Statistique Canada, 2005.

Environ 9 millions d'enfants américains âgés de six ans ou plus sont obèses.

Source : Institute of Medicine, 2004.

La prévalence est encore plus impressionnante et alarmante lorsqu'on constate sa rapide évolution dans le temps : en 25 ans seulement, soit en l'espace d'une génération, la proportion de jeunes Canadiens ayant un surplus de poids est passée de 15 à 26 %, tandis que le taux d'obésité a plus que doublé, passant de 3 à 8 %. En France, la prévalence de l'excès pondéral a triplé et celle de l'obésité a doublé. L'Organisation mondiale de la Santé (OMS) souligne pour sa part que, sur la scène mondiale, l'obésité a remplacé la dénutrition comme préoccupation de santé publique la plus courante à l'égard des enfants et des adolescents.

EMBONPOINT OU OBÉSITÉ ?

Les termes « surplus de poids », « embonpoint » et « obésité » ne veulent pas dire la même chose. Les mots « embonpoint » et « obésité » désignent tous les deux un surplus de poids, mais l'obésité est une étape plus avancée que l'embonpoint. Autrement dit, une personne obèse est plus grosse qu'une personne qui fait de l'embonpoint. L'expression « surplus de poids » et ses synonymes, « surpoids », « excès de poids » et « excès pondéral », englobent généralement l'embonpoint et l'obésité. Les statistiques présentent habituellement des taux combinés. Par exemple :

	Embonpoint	+	Obésité	=	Taux combiné (surpoids)
Canada (de 2 à 17 ans)	18 %	+	8 %	=	26 %
Québec (de 2 à 17 ans)	15 %	+	7 %	=	22 %
France (de 6 à 15 ans)	12 %	+	4 %	=	16 %

On pourrait aussi dire que 22 % des jeunes Québécois ont un excès de poids, dont 7 % sont obèses.

LE TOUR DU MONDE

Cette forte progression de problèmes de poids chez les jeunes s'observe partout dans le monde. L'Organisation mondiale de la Santé, l'International Association for the Study of Obesity, Santé Canada et l'Institut national de la santé et de la recherche médicale (Inserm), notamment, n'hésitent pas à qualifier la situation d'épidémie, voire de pandémie. C'est devenu une telle préoccupation qu'il existe, depuis 2006, un journal scientifique entièrement consacré à l'obésité infantile : *International Journal of Pediatric Obesity*. Et ce n'est pas fini. D'après un récent article scientifique, la prévalence de l'obésité infantile continuera de progresser d'ici la fin de la décennie. Selon les auteurs, si la tendance se maintient, près de la moitié des jeunes vivant en Amérique du Nord et en Amérique du Sud et 40 % des Européens feront de l'embonpoint en 2010. L'obésité touchera pour sa part un jeune Américain sur sept et un jeune Européen sur dix. L'épidémie n'épargne aucun continent.

Matière à réflexion

Il semble que le problème d'obésité grandisse en même temps que les enfants, puisque, tant au Canada qu'en France et aux États-Unis, le nombre de jeunes présentant un excès de poids augmente à chaque tranche d'âge.

Certains pays en développement vivent une transition sur ce plan, et passent des problèmes liés à la sous-alimentation aux troubles associés à une suralimentation. D'autres expérimentent les deux situations à la fois, ce qu'on appelle désormais le « double fardeau de la malnutrition ». Il est même possible de voir le balancier basculer ou les problèmes coexister au sein d'une même famille. Dans des zones urbaines, où les revenus sont modestes et où les habitudes alimentaires s'américanisent, on voit parfois des enfants sous-alimentés dans les premières années de leur vie avoir subitement accès à une plus grande disponibilité de nourriture quelques années plus tard. Résultat : retard de croissance (taille), suivi d'une prise de poids non proportionnelle. Bref, ils n'ont pas suffisamment grandi, mais ils grossissent.

GROS, MAIS ENCORE ?

Environ les deux tiers des adolescents et plus du tiers des enfants ayant un excès de poids conservent ce surplus à l'âge adulte. Certaines sources parlent même de 70 %. Les experts s'inquiètent pour l'avenir de cette génération. Pour leur présent et pour leur futur, il est doublement important de s'occuper de nos jeunes.

Si l'on veut prévenir les problèmes de poids, ce n'est pas pour correspondre au modèle socialement accepté. Au contraire, la glorification de la minceur (voire de la maigreur) est autant un problème en soi que l'obésité. Premièrement, elle explique en partie le fait que d'innombrables ados sont insatisfaits de leur image corporelle malgré un poids normal ou inférieur à la normale, et que plusieurs usent de divers stratagèmes pour maigrir ou contrôler leur poids. Deuxièmement, elle entraîne son lot de conséquences négatives pour les personnes « enrobées », puisqu'elle est à l'origine des moqueries, des regards désobligeants et des commentaires qui entraînent la honte, la culpabilité, une faible estime de soi et parfois même la dépression. Tout cela peut nuire au fonctionnement scolaire et social, en plus de laisser des cicatrices pour la vie.

Le problème de l'obésité n'est pas esthétique. Il est beaucoup plus profond et sérieux que cela. L'obésité nuit à la santé en augmentant les risques de plusieurs maladies qui affectent non seulement la qualité de la vie, mais aussi sa durée. Aux États-Unis, l'obésité est la deuxième cause de maladies et de décès que l'on pourrait prévenir, après le tabagisme. Et ce ne sont pas des paroles en l'air ! Ce fléau serait même en train de réduire l'espérance de vie des enfants par rapport à leurs parents, un déclin sans précédent dans l'histoire moderne. Aux États-Unis, on parle d'une baisse de l'espérance de vie de deux à cinq ans au cours des décennies à venir, bien que cette prédiction soit controversée, étant donné tout ce qui peut influencer l'espérance de vie à l'échelle nationale.

À l'échelle individuelle toutefois, il a été démontré qu'une personne obèse a une espérance de vie réduite par rapport à une personne de poids normal. Selon l'article scientifique « Years of life lost due to obesity », publié dans l'*American Journal of Medical Association* en 2003, un individu présentant un indice de masse corporelle (IMC, voir le chapitre 2) supérieur à 45 pourrait mourir jusqu'à 13 ans plus jeune qu'un autre ayant un poids santé. On sait également que plus l'obésité survient tôt dans la vie, plus l'espérance de vie est réduite. Les grandes enquêtes sur la santé des Américains confirment chaque année que des dizaines, voire des centaines de milliers de morts prématurées sont attribuables aux conséquences de l'obésité. Notez bien que l'on parle d'obésité franche, pas d'un petit bourrelet ni d'embonpoint léger !

Matière à réflexion

« Le comité partage les craintes de nombreux spécialistes qui prédisent que les enfants d'aujourd'hui formeront la première génération depuis des siècles à obtenir de moins bons résultats sur le plan de la santé et à avoir une espérance de vie moins longue que leurs parents. »
SOURCE : RAPPORT DU COMITÉ PERMANENT DE LA SANTÉ DU CANADA, MARS 2007.

QUELQUES CONSÉQUENCES DE L'OBÉSITÉ CHEZ LES JEUNES

Les conséquences de l'obésité sur la santé des enfants ont été moins étudiées que chez les adultes. On sait toutefois que les maladies comme le diabète de type 2, l'hypertension et les troubles cardiovasculaires ne concernent plus que les grands. Voici quelques-unes des conséquences possibles, à court et à long terme, d'un excès de poids important. (Il existe aussi des risques associés à la perte de poids. Nous les verrons plus en détail au chapitre 11.)

Le diabète de type 2

Le diabète de type 2 se manifeste généralement chez les personnes âgées de 40 ans et plus. Ou plutôt, se manifestait, puisque de plus en plus d'adolescents et même d'enfants souffrent de cette maladie nommée jadis le « diabète adulte ». Une prédisposition génétique, un surplus de poids (90 % des personnes atteintes de ce type de diabète ont un problème d'embonpoint ou d'obésité) et le manque d'activité physique contribuent à son apparition. De plus, certaines études tendent à démontrer qu'une alimentation riche en gras pourrait aussi être un facteur de risque.

Si vous croyez que le diabète se résume à calculer les sucres mangés et aux injections d'insuline, détrompez-vous. C'est sans doute le plus grave des problèmes associés à l'obésité, à cause des nombreuses complications possibles qu'il comporte, dont les maladies coronariennes et vasculaires cérébrales. Selon l'association Diabète Québec, plus de 70 % des personnes diabétiques mourront d'une maladie cardiovasculaire, soit une proportion bien supérieure à la population non diabétique. S'ajoutent à cela des risques d'atteinte aux nerfs, d'insuffisance rénale, de cécité, d'amputation, de dysfonction sexuelle et d'hypertension artérielle.

Les problèmes respiratoires

Quiconque a déjà marché, couru ou monté des escaliers avec un sac à dos bien rempli connaît l'effort physique que cela demande. Les enfants obèses transportent une telle surcharge pondérale à chaque instant et dans tous leurs déplacements, ce qui occasionne plusieurs difficultés respiratoires comme un essoufflement exagéré, une respiration bruyante et de la toux. Des chercheurs ont établi que la majorité des symptômes, qui augmentent d'autant plus que l'excès de poids est important, seraient davantage améliorés par une perte de poids que par un traitement aux bronchodilatateurs. Les jeunes obèses ont aussi plus tendance que ceux de poids normal à développer de l'asthme ou à exacerber leur cas s'ils en souffrent déjà. Par ailleurs, ils présentent environ 20 % plus de risques de faire de l'apnée du sommeil. Une respiration irrégulière, des ronflements et un sommeil perturbé peuvent expliquer des problèmes de somnolence durant la journée, ce qui affecte négativement les capacités de concentration et d'attention de l'élève.

Les problèmes cardiovasculaires

Jusqu'à tout récemment, les problèmes cardiaques qui affectaient les enfants étaient principalement associés à une malformation congénitale ; les autres problèmes cardiovasculaires – par exemple le durcissement des artères – étaient une affaire d'adultes. Or, désormais, les enfants ne sont plus épargnés à cause des nombreux cas d'obésité et de la mauvaise condition physique de plusieurs d'entre eux. Selon l'Institute of Medicine des États-Unis, environ 60 % des enfants obèses âgés de 5 à 10 ans présentent au moins un facteur de risque de maladies cardiovasculaires (MCV), comme un taux élevé de cholestérol, de triglycérides ou d'insuline, ou de l'hypertension, et 25 % combinent deux ou plus de ces facteurs de risque.

Les problèmes articulaires, squelettiques et orthopédiques

Certaines douleurs aux hanches et aux genoux, par exemple, sont directement attribuables au surplus de poids porté par les personnes obèses.

Les atteintes au foie

La stéatose hépatique est une accumulation de graisses dans le foie. Cette anormalité peut entraîner de l'inflammation, puis causer des dommages, permanents dans certains cas, au précieux organe. Jusqu'à 52 % des enfants obèses souffriraient d'une stéatose hépatique.

Le cancer

Les enfants aux prises avec un surplus de poids sont plus susceptibles de développer un cancer plus tard dans leur vie et ce risque est d'autant plus grand que l'excès pondéral est important. Si on en croit les résultats d'une étude américaine menée sur 900 000 adultes pendant 16 ans, l'embonpoint et l'obésité seraient associés à environ 14 % des décès par cancer chez l'homme et à 20 % chez la femme. D'après les résultats du Dr Calle, chercheur pour l'American Cancer Society et principal auteur de l'étude, plus le surpoids est important, plus le risque serait grand.

À QUI OU À QUOI LA FAUTE ?

Les scientifiques ont décelé plusieurs gènes de prédisposition à l'obésité, des gènes impliqués dans la régulation du poids. Ainsi, certaines caractéristiques génétiques – y compris avoir un grand appétit, ressentir peu la satiété et être peu porté à bouger – expliqueraient que certaines personnes prennent plus facilement du poids que d'autres dans un contexte et un environnement donnés. Il est aussi possible que l'obésité ait une cause endocrinienne, métabolique ou qu'elle soit l'expression d'une maladie génétique. Mais il serait faux de croire que ces facteurs incontrôlables sont à l'origine de tous les cas d'obésité ; selon les experts, ces facteurs n'expliqueraient en fait qu'une minorité d'entre eux. En résumé, la majorité des cas d'obésité peuvent être prévenus ou, du moins, cette obésité peut être allégée. Nous avons donc une part de responsabilités à assumer sur ce plan ; notamment, nous devons être conscients que notre mode de vie est un déterminant important de notre état de santé.

Matière à réflexion

Les habitudes et le style de vie de la famille jouent un rôle plus important dans l'apparition des problèmes de poids que l'hérédité.

Si chaque personne a, dans une certaine mesure, son sort entre les mains, cela ne signifie pas pour autant qu'elle peut décider de sa silhouette. On ne décide pas d'être grand ou petit. Il serait aussi contre-nature de vouloir peser 50 kilos (110 livres) quand on est fait pour en peser 60 (132), ou de vouloir de petites hanches quand toutes les femmes de la famille en ont des « fortes ». Tout le monde n'est pas destiné à être mince. Cela dit, entre mince et trop gros, il y a une marge.

Plutôt que de vénérer et de viser la minceur, il faudrait viser un poids santé réaliste et personnalisé. En fait, c'est notre idée de « poids souhaitable » et de surplus de poids qu'il faut repenser, car bien des personnes – surtout des femmes et des jeunes filles – souhaitent maigrir, alors que leur poids ne pose pas de problème pour leur santé. Le véritable poids santé est celui que l'on pèse quand on mange à sa faim, sans excès, et que l'on est actif. Donc, oui, la plupart d'entre nous (incluant les enfants) pouvons influencer notre poids et faire en sorte de ne pas devenir obèses, mais nous ne pouvons pas magasiner notre corps dans un catalogue ! La diversité des schémas corporels est naturelle. Comprendre et accepter ce fait, voilà la condition *sine qua non* pour être en harmonie avec son corps et son assiette.

Matière à réflexion

Le poids santé est celui auquel on ne pense pas constamment.

LA VÉRITABLE PRIORITÉ

On oublie souvent que le poids est UN des déterminants de la santé, et non pas le seul. Les habitudes de vie ont un impact direct sur la santé, sans égard au poids. Voici le schéma conçu par le groupe d'action sur le poids ÉquiLibre pour illustrer cela :

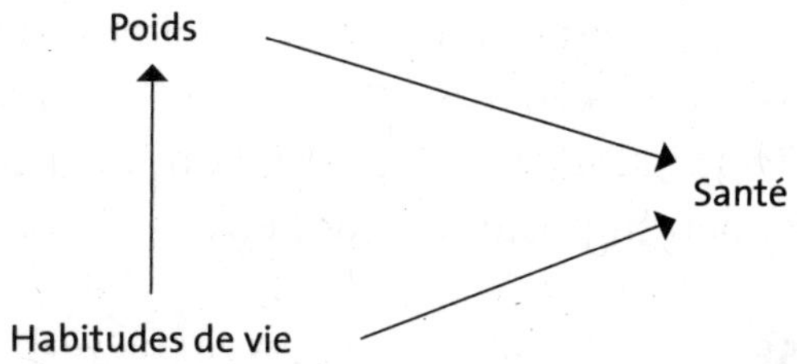

Fannie Dagenais, directrice et porte-parole d'ÉquiLibre, rappelle que l'activité physique régulière peut avoir des effets directs sur la santé sans nécessairement être associée à une perte de poids. Par exemple, elle permet d'abaisser le taux de « mauvais » cholestérol (LDL) et d'augmenter celui de « bon » cholestérol (HDL). Il faut donc se questionner sur son objectif et sur sa façon de le mesurer. Quand on vise la santé, on ne devrait pas se limiter à peser l'enfant (ou à se peser) pour vérifier si l'objectif est atteint. On devrait plutôt prendre conscience :

* des changements de comportements (par exemple : « je prends maintenant mon vélo pour aller à l'école » ou « je mange plus de fruits qu'avant ») ;
* des bénéfices qu'on en retire (« je suis moins essoufflé en faisant cette activité » ou « je me sens bien après avoir mangé, plutôt que d'avoir mal au ventre ou d'avoir envie de dormir »).

Ce sont ces petites réussites qui nous motivent, et qui motiveront l'enfant, à poursuivre de bonnes habitudes. Si notre seule façon de mesurer l'atteinte de nos objectifs est la pesée, et que, pour une raison ou pour une autre, le poids ne diminue pas beaucoup (ou pas du tout) malgré tous les efforts fournis au cours des derniers jours, voire des dernières semaines, ce sera extrêmement démotivant. Qui plus est, cela nous donnera l'illusion que nous avons travaillé pour rien, alors qu'au contraire il y a des bénéfices certains pour notre santé.

Les rondeurs ne sont pas synonymes de maladie, pas plus que la minceur ne garantit la santé. Le poids ou l'IMC ne tiennent pas compte des habitudes de vie, ce qui est pourtant hyper important. Une personne ronde qui a de bonnes habitudes alimentaires et qui est active peut être en bien meilleure santé qu'une personne mince qui mange mal et qui est sédentaire. « Le corps peut être endommagé de l'intérieur – taux de cholestérol élevé, artères qui "s'encrassent", etc. – sans que cela paraisse à l'extérieur, conclut Fannie Dagenais. Tout le monde a avantage à améliorer ses habitudes de vie, peu importe sa silhouette. »

L'ÉQUATION DE BASE

L'excès de poids – le véritable excès – est majoritairement causé par le déséquilibre entre les apports alimentaires et les dépenses énergétiques au fil des ans. L'équation est simple : on prend du poids quand on mange plus de calories qu'on en dépense. Un surplus d'à peine 100 calories* par jour, tous les jours pendant un an, entraîne un gain d'environ 5 kilos. Cent calories, c'est une fraction des calories qu'un enfant ou qu'un adolescent dépense (et consomme) en moyenne quotidiennement. Cent calories, c'est deux biscuits, c'est moins qu'une canette de boisson gazeuse ou c'est environ 15 minutes de soccer ou de basket-ball, bref, ça se mange, ça se boit et… ça se dépense en un rien de temps.

Comme vous le voyez, il est relativement facile de faire des abus et de déséquilibrer la balance énergétique. Quand on sait qu'au Canada, de 1981 à 2004, l'apport quotidien moyen en calories a augmenté de 17 % (soit 381 calories) et que les dépenses énergétiques ont diminué, on n'est pas surpris de voir tous ces problèmes de poids.

L'ÉQUATION SE COMPLIQUE

Il est simple, simpliste même, de résumer ainsi l'origine de l'épidémie d'obésité, puisque de nombreux facteurs individuels, environnementaux, sociaux et même politiques entrent en ligne de compte et interagissent pour influencer l'alimentation, l'activité physique et, en conséquence, la prise de poids.

Les facteurs individuels et familiaux incluent :

- l'ensemble des *comportements alimentaires*, par exemple choisir des aliments riches en gras et en sucre, servir de grosses portions, manger selon des horaires irréguliers (ce qui peut inciter aux compulsions), manger pour des raisons émotives, entre autres pour se désennuyer, se consoler, se récompenser, etc. ;

* Bien qu'on utilise le terme « calories », il s'agit en fait de kilocalories.

* un *mode de vie sédentaire* se traduisant par peu de jeux actifs ou de sports, au profit de la télévision, de l'ordinateur et des jeux vidéo. Chez les enfants et les adolescents, la probabilité de faire de l'embonpoint ou d'être obèse a tendance à augmenter parallèlement au temps passé à regarder la télévision, à jouer à des jeux vidéo ou à utiliser un ordinateur (le chapitre 9 aborde ce sujet en détail) ;
* les *influences* et les *habitudes familiales* autour des repas et des activités. Tant en amont qu'en aval des problèmes de surpoids, le rôle de la famille ne se dément pas. Nous examinerons tout cela au fil des chapitres à venir ;
* la *raréfaction des repas familiaux*, qui est possiblement une conséquence de la difficile conciliation travail-famille. Les parents ont ainsi moins de regard et d'influence sur ce que mangent leurs enfants. Non seulement les repas se prennent-ils plus rarement en famille, mais ils sont également de moins en moins préparés à la maison. Les plats déjà préparés vendus au marché et ceux qui viennent du resto ont la cote chez les gens pressés et fatigués ;
* des *événements* ou des *épreuves* qui demandent une adaptation particulière, ce qui peut inciter à se tourner vers des aliments « réconfortants » et à manger davantage ;
* le *manque de sommeil* qui joue notamment sur la régulation de la faim (un aspect que nous verrons au chapitre 10) ;
* un *faible revenu*. En effet, plusieurs foyers à faible revenu consacrent moins d'argent à la nourriture, et achètent moins d'aliments sains comme les fruits, les légumes et les produits laitiers, que les familles plus aisées.

Puis, il y a tous les facteurs externes à l'individu. On utilise l'expression « environnement obésogène » (qui contribue à l'obésité) pour décrire un milieu de vie où les aliments riches en gras et en sucre sont très accessibles, et où un mode de vie sédentaire et stressant prédomine. Cet environnement, dans lequel baignent les adultes comme les enfants, est commun à plusieurs pays industrialisés, et il est aussi le lot de plus en plus de pays en voie de développement où la population adopte un mode de vie à l'occidentale.

Concrètement, voici ce que l'on pointe du doigt et qui touche les enfants :

* Une *industrie alimentaire* qui offre une multitude d'aliments riches en calories, en gras, en sel et en sucre, et qui les rend disponibles presque partout, à toute heure du jour ou de la nuit, et à bas prix. Les magasins à rayons ou de décoration en passant par les librairies, les stations-service et les pharmacies offrent tous quelque chose à nous mettre sous la dent. Nous sommes constamment sollicités ;
* La *taille des portions* d'à peu près toutes les catégories d'aliments et de boissons, à l'épicerie comme au restaurant, ne cesse d'augmenter. L'avènement des mégaportions s'explique notamment par le désir de satisfaire les consommateurs qui en veulent toujours plus pour leur argent. La compétition entre les restaurants entretient cette offre, car un restaurant semblable à un autre qui offrirait de petites assiettes risquerait de voir sa clientèle aller se remplir la panse chez son voisin ! Cette expansion des portions a débuté dans les années 1960 et a pris de l'ampleur au cours des années 1980. Résultat : les formats individuels d'aujourd'hui sont géants comparés à ce qu'ils étaient il y a à peine trois ou quatre décennies. Voyez les exemples du tableau qui suit. Selon plusieurs spécialistes, ce phénomène ne serait pas étranger à la hausse du surpoids dans la population. L'offre des grosses portions a d'ailleurs eu comme conséquence de changer notre perception de ce qu'est une portion normale et raisonnable. Ainsi, quand vient le temps de se servir soi-même, il n'est pas rare d'avoir les yeux plus grands que la panse ;
* Les *publicités* de produits alimentaires destinés aux enfants qui font la promotion d'aliments de piètre qualité nutritionnelle, puisque ces annonces influencent bel et bien leurs préférences alimentaires. Des études ont démontré qu'une publicité de 30 secondes suffit à influencer ainsi les enfants ;
* Un *aménagement urbain* qui ne favorise pas la marche et ne facilite pas l'activité physique ;
* La perte du *sentiment de sécurité* dans les quartiers, qui a notamment pour conséquence que les enfants jouent moins à l'extérieur, et qu'ils se rendent peu souvent à l'école à pied ou à vélo.

LA PORTION DE CERTAINS PRODUITS, SELON LES ANNÉES

ALIMENT – BOISSON	ANNÉE	PORTION	ANNÉE	PORTION
Barre de chocolat au lait				
Hershey's[1]	1908	17 g	2002	De 45 à 227 g
Nestlé Crunch[1]	1938	45 g	2002	De 45 à 142 g
Frites				
Burger King[1]	1954	74 g	2007	De 74 à 194 g
McDonald's[1]	1955	68 g	2007	De 74 à 170 g
Harvey's[2]	1999	De 88 à 162 g	2007	De 120 à 150 g
Hamburger régulier[3]				
Burger King[1]	1954	111 g	2007	121 g
Harvey's[2]	1997	129 g	2007	146 g
Boisson gazeuse				
Burger King[1]	1954	De 355 à 473 ml	2007	De 355 à 1242 ml
McDonald's[1]	1955	207 ml	2007	De 355 à 946 ml
Harvey's[2]	1999	341 ml	2007	De 473 à 591 ml
Coca-Cola (bouteille et canette)[1]	1916	192 ml	2002	De 236 à 1000 ml

1. Données américaines.
2. Données canadiennes.
3. Sans fromage. Ces comparaisons ne tiennent pas compte des autres burgers, tous plus gros les uns que les autres (Big Mac, Double Whopper, etc.).

Matière à réflexion

La majorité des publicités diffusées durant les émissions pour enfants font la promotion d'aliments peu nutritifs.

Il était une fois les frites…

Dans un très grand royaume qu'on appelait États-Unis régnait un roi nommé McDonald's. Ses fidèles sujets le vénéraient notamment pour ses frites.

Dans les années 1950-1960, le souverain ne leur offrait qu'un seul format de frites, le petit, qui comprenait 200 calories. Au début des années 1970, il introduisit le grand format de 320 calories. Heureux de son succès, il inventa, dans les années 1980, un nouveau grand format de 400 calories, et rebaptisa le grand format des années 1970 « format moyen ». Dans les années 1990, le grand format grossit encore pour atteindre 450 calories, et un nouveau format s'ajouta à la panoplie : le *super size* de 540 calories.

En 2000, le grand format devint le moyen, le *super size* devint le grand et le nouveau *super size* de près de 200 grammes (7 onces) fournit pas moins de 610 calories !

Le roi McDonald's étendit aussi son royaume non loin de là, au Canada. On raconte qu'en 2007 il y était toujours très généreux de ses frites, offrant trois formats : le petit (230 calories), le moyen (350 calories) et le grand (570 calories).

Nul ne sait comment l'histoire se terminera. Certains croient même que le règne de McDonald's ne s'achèvera jamais...

L'INFLUENCE PARENTALE

L'obésité des parents est un facteur qui influence le poids des enfants. En effet, un enfant dont les parents sont obèses court plus de risques de l'être – ou de le devenir – à son tour qu'un enfant dont les parents affichent un poids normal. Une affaire de gènes, pensez-vous ? Pas nécessairement. L'héritage qu'on lègue à nos enfants ne comprend pas que les gènes, il inclut aussi les habitudes, les comportements et même les préoccupations. Les enfants apprennent de leurs parents à cuisiner, à choisir les aliments, à se comporter à table et à manger. Si, chez vous, on mange devant la télévision, il est bien possible que vos enfants conservent cette habitude au fil des ans. S'il est permis de manger à toute heure du jour dans votre maison, il est peu probable que vos enfants adoptent par eux-mêmes un horaire de repas réguliers. Si, pour vos jeunes, les formats « super » ou « méga » ont la cote, ils l'auront sûrement plus tard aussi. En revanche, si les repas sont pour vous un moment privilégié de partage, de découvertes et de joie, ils continueront probablement d'occuper une place importante dans la vie de vos enfants.

Lorsque les aliments sont une source de frustration pour une mère au régime et que le poids est pour elle une préoccupation constante, voire une obsession, les enfants enregistreront ce message. Comment alors espérer qu'ils découvrent le plaisir de manger ? Selon des recherches, il existe une relation entre le surpoids des enfants et la tendance des parents à se restreindre ou à manger sans savoir s'arrêter. Les chercheurs y voient deux explications. La première est un effet direct : les enfants observent ces comportements alimentaires non souhaitables et les acquièrent. La seconde est un effet indirect : devant ces comportements, les enfants ont tendance à perdre leur aptitude innée à réguler leur apport alimentaire. Nos petits naissent de fait avec la capacité d'écouter leurs signaux de faim et de satiété : un bébé boit quand il a faim et cesse quand il est rassasié. S'alimenter est un instinct... jusqu'à ce qu'il subisse trop d'influence de l'extérieur. Forcer un enfant à manger ou le restreindre l'oblige à ignorer les messages de son corps.

Les attitudes des parents face à leurs enfants exercent également un rôle déterminant. Sans le savoir et sans vouloir mal faire, leurs paroles et leurs regards sont extrêmement puissants. Plusieurs études démontrent l'existence d'un lien entre la corpulence des enfants et la préoccupation d'un ou des deux parents vis-à-vis de leur poids. Quand une mère juge que son enfant est gros, qu'elle craint qu'il ne le devienne ou croit qu'il mange trop, l'enfant perçoit tout cela même si elle ne lui en parle pas directement.

Les pressions à manger, tout comme le contrôle et les restrictions que subit un enfant, peuvent aussi conduire au surpoids. Dans le cas des pressions, l'enfant apprendra à ignorer ses signaux internes de faim et de satiété, et à manger pour obéir, pour faire plaisir. Dans les cas du contrôle et des restrictions, c'est le phénomène de l'interdit qui devient attrayant, et de la suralimentation dès que l'occasion se présente... ou que le parent s'absente.

Matière à réflexion

Environ 33 % des filles âgées de 9 à 16 ans tentent de perdre du poids, et encore davantage veulent le contrôler. Au total, plus des deux tiers des préadolescentes et des adolescentes sont préoccupées par leur poids.

Source : Enquête sociale et de santé auprès des enfants et des adolescents québécois, 1999.

AIDER SANS NUIRE

Mettre nos enfants au régime, leur dire qu'ils sont gros, qu'ils ne mangent pas bien ou que la petite voisine est jolie parce qu'elle est mince, voilà des attitudes qui risquent de nuire plus qu'autre chose ! Cela induit une préoccupation exagérée à l'égard du poids et de l'image corporelle. L'obsession de la minceur chez les jeunes est aussi préoccupante que l'obésité. Elle mène parfois à l'anorexie et à la boulimie, mais on peut parler de comportements alimentaires malsains bien avant de se rendre à ces extrêmes. Cacher des aliments, manger en vitesse pour ne pas se faire surprendre ou calculer la moindre calorie ingérée sont des exemples de comportements alimentaires malsains.

Pour éviter cela, il est primordial d'établir une relation saine avec la nourriture et avec son corps. Le point de départ n'est pas la valorisation de la minceur, mais l'acceptation de chacun comme être unique et des différences entre les uns et les autres. Dans toutes les sociétés et depuis le début des temps, il y a une multitude de formats corporels. C'est normal et c'est bien ainsi. Pourquoi faudrait-il maintenant tous entrer dans le même moule ? Pour aider nos enfants, sans leur nuire, il faut les guider et les accompagner dans une démarche d'acquisition de saines habitudes de vie et de confiance en soi. Il ne faut pas leur expliquer quoi, comment et en quelle quantité manger ni comment ou quand bouger. Il faut leur montrer. Pas simplement leur enseigner la théorie, mais bien leur *donner l'exemple*. Toute la famille en sortira gagnante, et ce n'est pas un objectif seulement pour ceux qui ont un surpoids. Qu'on soit mince ou « enrobé », bien manger et bouger contribuent à la santé.

Voici de quelle façon les nutritionnistes du groupe Harmonie Santé résument les trois éléments fondamentaux dont nous venons de parler. Elles appellent leur schéma « le triangle de l'harmonie ».

LE TRIANGLE DE L'HARMONIE

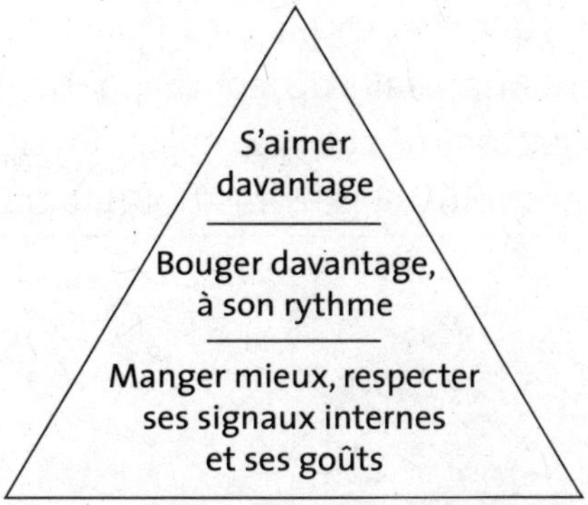

S'aimer davantage, c'est s'affirmer, s'apprécier et apprécier sa vie, accepter ses erreurs et accueillir ses émotions. C'est se découvrir, plutôt que de se juger. C'est accomplir ce qui est important pour soi, se respecter, se faire plaisir maintenant et pas seulement lorsqu'on aura atteint le poids souhaité. Bien manger, bouger, gérer son sommeil et s'accorder du temps pour soi sont toutes des façons de se manifester de l'amour.

Bouger davantage, à son rythme, c'est choisir une activité que l'on aime et qui peut être intégrée à son quotidien. C'est considérer qu'il s'agit d'un rendez-vous avec soi ou d'un cadeau que l'on se fait. C'est augmenter graduellement la durée et l'intensité en bougeant aussi souvent que possible, mais au moins trois fois par semaine. L'activité physique favorise l'estime de soi et aide à maintenir une relation positive avec son corps. Vous verrez que le plaisir croît avec l'usage !

Manger mieux, respecter ses signaux internes et ses goûts, c'est modifier ses habitudes alimentaires dans une perspective à long terme, plutôt que de suivre un régime amaigrissant, d'« être à la diète ». C'est se respecter en se donnant du temps pour intégrer les changements. C'est apprendre à faire de meilleurs choix alimentaires et en retirer de la satisfaction. C'est établir une relation nouvelle et harmonieuse avec les aliments. C'est être en contact avec ses signaux internes de faim et de satiété. C'est se permettre de manger lorsqu'on en ressent le besoin sans éprouver de culpabilité. C'est aussi apprendre à laisser de la nourriture dans son assiette et à dire non lorsque la faim est apaisée.

Matière à réflexion

L'insatisfaction face à son corps commence à un très jeune âge et apparaît tant chez les filles que chez les garçons. Quarante-cinq pour cent des enfants de 9 ans sont insatisfaits de leur silhouette ; parmi ceux-ci, 35 % des filles et 2 % des garçons de cet âge veulent être plus minces.

Source : groupe d'action sur le poids ÉquiLibre.

Chapitre 2

COMPRENDRE LA CROISSANCE

Y A-T-IL UN PROBLÈME ?

Chantal a consulté une nutritionniste parce qu'elle trouvait son fils grassouillet. Jonathan, qui est âgé de sept ans, est un peu potelé. Après l'avoir mesuré et pesé, la nutritionniste calcule son indice de masse corporelle (IMC) comme suit : le poids (en kilogrammes) divisé par la taille (en mètre) au carré (soit kg/m^2). L'IMC de Jonathan est de 17. Pour un adulte, cela correspond à une insuffisance pondérale. À l'œil, il est évident que Jonathan ne présente pas une insuffisance sur le plan du poids. C'est donc dire que l'IMC n'est pas fiable pour les enfants et les adolescents. Ou plutôt, qu'il n'est pas fiable utilisé tel quel.

En effet, puisque l'adiposité (le gras corporel) varie pendant l'enfance et l'adolescence, il faut interpréter différemment l'IMC en tenant compte de l'âge et du sexe. Ainsi, il devient un outil de dépistage pour repérer les enfants anormalement gras. Sur un graphique de croissance propre aux garçons, la nutritionniste transcrit l'IMC de Jonathan et constate qu'il se situe au 80e percentile. Cela signifie que dans un groupe de 100 garçons de son âge, il ferait partie des 20 plus lourds. Mais on ne peut toujours pas conclure qu'il y a un problème, pour deux raisons. Premièrement, parce que cette courbe n'est pas un outil diagnostique ; c'est un repère qui nous guide vers de nouvelles évaluations, comme des mesures de plis adipeux, les antécédents familiaux, etc. Deuxièmement, parce qu'une mesure unique ne dit pas grand-chose ; une série de mesures est plus révélatrice, car elle permet de suivre la croissance au fil du temps. Ainsi, avec toutes les mesures prises par le médecin de Jonathan au cours des dernières années, la nutritionniste pourra constater que le garçon a toujours suivi sensiblement la même courbe de croissance. Cela veut simplement dire qu'il est plus costaud que la plupart des autres garçons de son âge, mais que c'est sa silhouette à lui. À l'inverse, s'il était passé de la courbe du 50e percentile à celle du 80e percentile, il y aurait eu lieu de se questionner sur les raisons de ce saut abrupt.

LA CROISSANCE DE VOTRE ENFANT

Votre enfant peut être plus grand ou plus petit, plus lourd ou plus léger que d'autres enfants du même âge. Sa croissance est principalement déterminée par des facteurs génétiques. Elle respecte généralement un profil régulier, puisque, naturellement, votre enfant sera porté à manger les quantités nécessaires pour suivre cette courbe de croissance qui lui est propre. Cela dit, plusieurs éléments peuvent l'influencer, et de petites variations du profil de croissance sont normales. Elles surviennent surtout pendant les deux premières années de vie et à l'adolescence. Les poussées de croissance font partie d'un développement normal. Il est même démontré qu'environ 50 % des enfants vivent un jour ou l'autre une période d'embonpoint transitoire. Votre médecin ou votre nutritionniste vous aidera à distinguer ce qui est normal de ce qui pourrait être attribuable à un trouble de l'alimentation ou à un problème de santé.

Voici quelques étapes normales de la croissance :

- C'est quand ils sont bébés que les enfants grandissent le plus vite ;
- La croissance devient plus graduelle à l'âge préscolaire et le demeure jusqu'à la prépuberté ;
- De nouveau, le rythme s'accélère à l'adolescence pendant la poussée de croissance. En règle générale, les filles deviennent pubères avant les garçons. Elles accumulent du tissu adipeux aux seins, aux hanches et aux cuisses. Les garçons accumulent davantage de tissu musculaire.

L'INDICE DE MASSE CORPORELLE (IMC)

Selon les étapes normales de la croissance, l'IMC augmente rapidement pendant la petite enfance, chute pendant les années préscolaires pour atteindre un minimum aux alentours de quatre à six ans, puis augmente de nouveau. On appelle cette nouvelle hausse le « rebond d'adiposité ». C'est comme si l'enfant mettait de l'énergie en réserve pour la poussée de croissance qui l'attend à l'adolescence. Les courbes de croissance tiennent compte de ce phénomène. Selon les experts, les enfants dont l'adiposité rebondit précocement (avant 5 ½ ans) présentent un risque accru d'obésité ultérieure, de même que les enfants dont les percentiles d'IMC augmentent.

L'IMC établi par rapport à l'âge aide à prédire les risques de maladie et les futurs risques de surpoids. Toutefois, puisque les valeurs d'IMC chez les moins de deux ans ne s'associent pas à une obésité ultérieure, elles ne sont recommandées que pour les enfants de plus de deux ans et les adolescents. Le choix des percentiles suivants est arbitraire et sert de repère pour orienter une évaluation plus poussée au besoin. Ils ne servent pas de critère diagnostique permettant d'étiqueter des enfants. L'obésité est un surplus de gras corporel nuisible à la santé, certes, mais il n'y a pas de consensus sur la définition et les valeurs de référence précises de l'obésité chez l'enfant et l'adolescent. Voici ces percentiles :

- Inférieur au 5e percentile : insuffisance pondérale ;
- Entre le 85e et le 95e percentile : embonpoint ;
- Égal ou supérieur au 95e percentile : obésité.

Les graphiques suivants illustrent les courbes de croissance d'IMC par rapport à l'âge (et en fonction du sexe). Elles ont été établies par les Centers for Disease Control and Prevention (CDC) aux États-Unis. Avant de tirer vos propres conclusions sur la situation de votre enfant, souvenez-vous qu'un médecin, une nutritionniste ou un autre professionnel qualifié sont les mieux placés pour interpréter des résultats et investiguer d'autres paramètres.

Courbes de croissance des CDC américains
pour les filles de 2 à 20 ans
Indice de masse corporelle (IMC)*

Nom ______________________

Dossier n° ______________

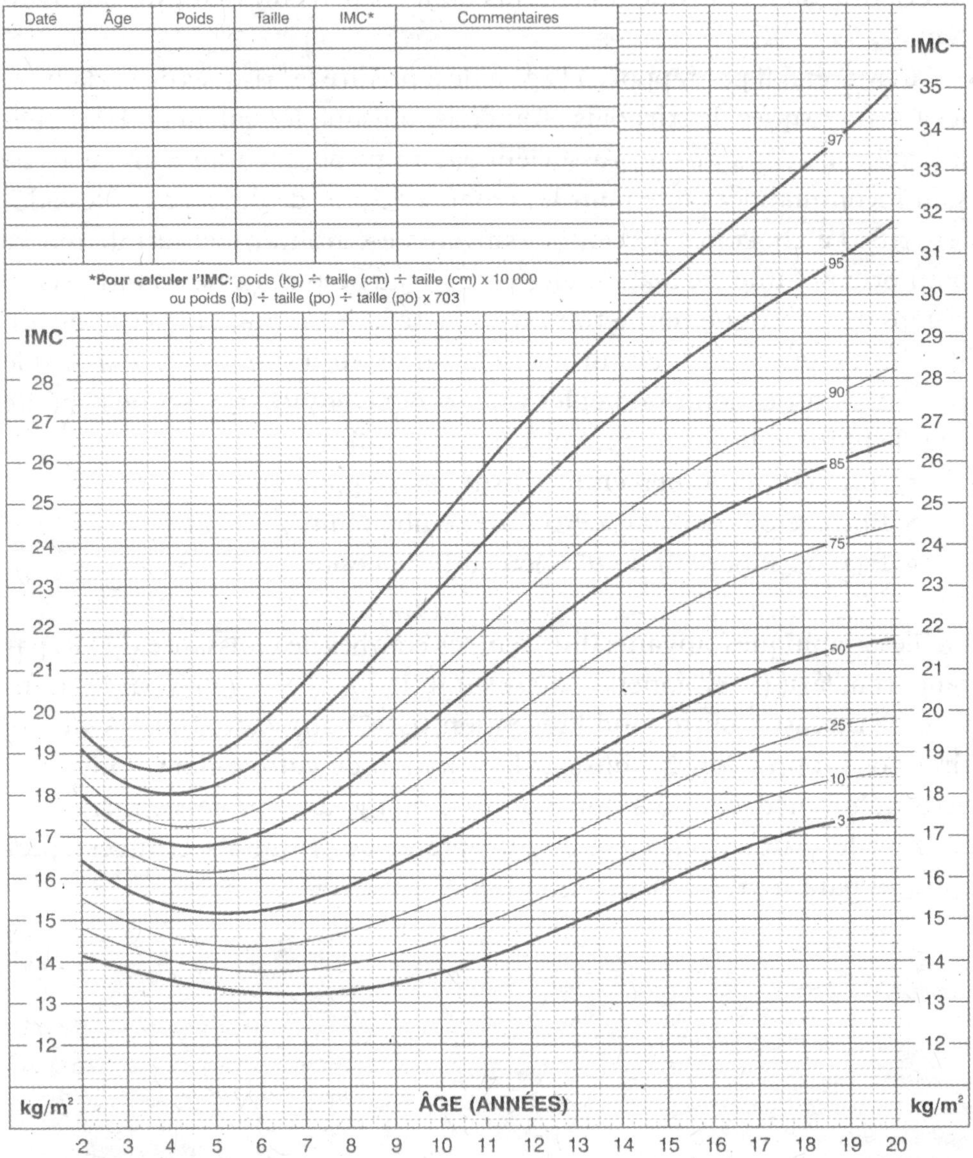

Publié le 30 mai 2000 (modifié le 16 octobre 2000)
SOURCE: Le National Center for Health Statistics en collaboration avec
le National Center for Chronic Disease Prevention and Health Promotion (2000).
http://www.cdc.gov/growthcharts

CDC
SAFER • HEALTHIER • PEOPLE™

Courbes de croissance des CDC américains
pour les garçons de 2 à 20 ans
Indice de masse corporelle (IMC)*

Nom ______________________

Dossier n° ______________

Date	Âge	Poids	Taille	IMC*	Commentaires

***Pour calculer l'IMC**: poids (kg) ÷ taille (cm) ÷ taille (cm) x 10 000
ou poids (lb) ÷ taille (po) ÷ taille (po) x 703

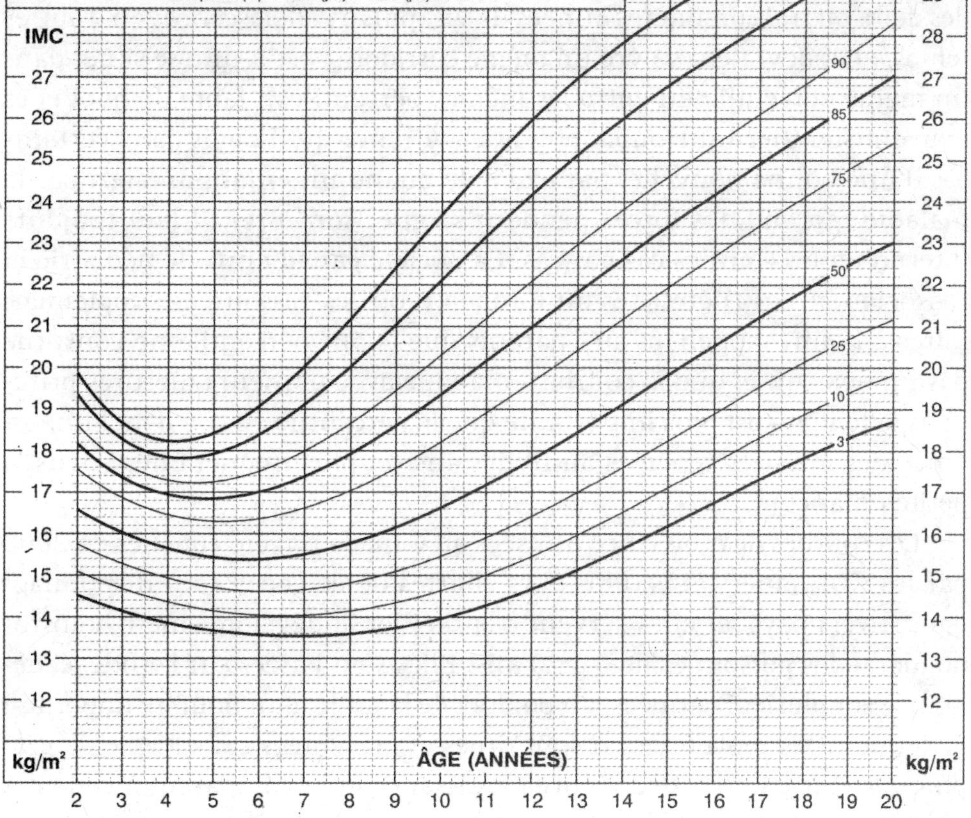

Publié le 30 mai 2000 (modifié le 16 octobre 2000)
SOURCE: Le National Center for Health Statistics en collaboration avec
le National Center for Chronic Disease Prevention and Health Promotion (2000).
http://www.cdc.gov/growthcharts

CDC
SAFER • HEALTHIER • PEOPLE™

D'AUTRES COURBES

L'IMC en fonction de l'âge n'est pas la seule valeur de référence. Il existe aussi des chartes de croissance du poids pour l'âge, de la taille pour l'âge, et du poids par rapport à la taille pour l'âge. Pour chacun de ces paramètres, il est possible de comparer les mesures avec celles des autres enfants du même âge et, surtout, de suivre l'évolution de la croissance de votre enfant. L'évaluation du poids seul est peu utile pour déterminer l'état nutritionnel parce qu'elle ne tient pas compte de la forme corporelle (par exemple, grand et mince ou petit et gras). À cet effet, le poids par rapport à la taille est beaucoup plus pertinent.

En règle générale, le poids et la taille des enfants évoluent de façon prévisible. Les valeurs peuvent osciller de quelques percentiles au cours des deux ou trois premières années de vie, puis à l'adolescence ; en d'autres temps, elles devraient suivre un même corridor (c'est-à-dire se situer dans un même percentile ou entre les mêmes percentiles), faute de quoi elles peuvent signifier un trouble potentiel. À noter qu'il s'agit dans certains cas d'une bonne nouvelle, par exemple quand un enfant amaigri par la maladie reprend des forces pendant sa guérison. Bref, il faut toujours interpréter les courbes cas par cas. La Société canadienne de pédiatrie et l'association Les Diététistes du Canada (voir les ressources supplémentaires à la fin) rappellent aux parents que le 50e percentile ne constitue pas un objectif, et que la courbe – obtenue avec plusieurs mesures prises dans le temps – est plus importante que le percentile en soi, d'où l'importance des mesures répétées au fil des ans (et plus fréquemment dans la petite enfance).

Les courbes de croissance utilisées au Canada ont été conçues en 2000 par les CDC américains. Plusieurs chartes de ce genre sont disponibles dans divers pays, et elles servent à surveiller le développement staturo-pondéral des personnes de 0 à 20 ans. Elles sont basées sur l'étude, échelonnée sur plusieurs années, du poids et de la taille d'un nombre important de jeunes. Des moyennes en sont tirées et présentées sous forme de graphiques. Ces courbes décrivent la croissance et la comparent à celle des autres enfants du même âge et du même sexe. Bien que ce type de courbes existe aussi pour les petits de la naissance à cinq ans, il y en a désormais de nouvelles. En effet, l'OMS a récemment établi des normes afin de prescrire le rythme de croissance. Plutôt que de décrire comment les enfants grandissent, elles indiquent comment ils doivent grandir. Cette nouvelle approche est possible, car il a été démontré que, malgré certaines différences raciales et ethniques, tous les enfants peuvent avoir une taille, un poids et un développement comparables s'ils sont nourris et soignés adéquatement et s'ils grandissent dans un milieu favorable à la santé. Toutefois, avant d'en recommander l'usage au pays, un comité mixte, qui comprend entre autres Les Diététistes du Canada et la Société canadienne de pédiatrie, souhaite valider les données auprès de leur population cible.

DES CALORIES, BEAUCOUP DE CALORIES !

Si vous avez l'impression que votre enfant mange autant que vous, c'est peut-être le cas et c'est normal. Il en faut de l'énergie pour soutenir sa croissance ! Les besoins énergétiques moyens d'une femme sont d'environ 1800 à 2000 calories par jour. Ceux de vos jeunes varient constamment en fonction de leur phase de croissance et de leur activité physique. Le tableau suivant indique le nombre approximatif de calories qu'un enfant actif de poids et de taille moyens dépense quotidiennement.

LE NOMBRE DE CALORIES DÉPENSÉES EN MOYENNE CHAQUE JOUR, SELON LE SEXE ET L'ÂGE

Sexe	Âge	Calories dépensées
Garçons	4	1550
	8	1950
	12	2450
Filles	4	1500
	8	1800
	12	2200

Ces besoins sont estimés à l'aide de formules mathématiques qui tiennent compte de l'âge, du poids, de la taille et du niveau d'activité physique de l'enfant. Malgré tous ces paramètres, il ne s'agit pas de calculs précis. En mentionnant ces données, mon but n'est surtout pas de vous inciter à calculer les calories de l'alimentation de votre enfant (ni de la vôtre), mais simplement de démontrer que, malgré leur petit gabarit, les enfants ont parfois besoin de beaucoup de carburant. Laissez-les manger à leur faim en toute quiétude...

QUAND ET QUI CONSULTER

Quand doit-on consulter ? Est-ce quand un problème se pointe à l'horizon ? quand le problème est là ? avant tout ça ? La réponse : dans toutes ces situations, puisque « mieux vaut prévenir que guérir », mais aussi « mieux vaut tard que jamais » !

Dans un monde idéal, le poids ne serait pas une préoccupation. On mangerait pour avoir de l'énergie, pour grandir, pour être en santé. On mangerait avec plaisir quand on a faim et on s'arrêterait de manger quand on n'a plus faim. Tous les aliments seraient permis. Tout le monde aurait accès à de bons aliments, personne ne commencerait sa journée ou ne se coucherait le ventre vide. Si tout cela était vrai, il y aurait très peu de problèmes de poids. Entendons-nous, « problèmes de poids » ne signifie pas « petites rondeurs ». Porter des vêtements de taille 7 plutôt que 3, ce n'est pas un problème. Les excès de poids problématiques sont ceux qui ont des conséquences néfastes sur la santé : taux de cholestérol élevé, hypertension, diabète de type 2, etc. Sans préoccupation excessive à l'égard du poids, il y aurait moins de problèmes, car c'est en partie ce qui les entraîne. Selon plusieurs experts, le phénomène du yo-yo (perte et gain de poids répétés) qui résulte des régimes amaigrissants à répétition favorise le gain de poids. Les jeunes ne sont pas à l'abri de ce phénomène, puisque des études récentes ont suggéré que ceux qui tentent de maigrir à l'aide de diverses méthodes sont plus susceptibles d'accumuler les kilos en vieillissant.

Vous voulez aider vos enfants à grandir en santé, à être bien dans leur peau et dans leur tête ? Aidez-les à manger pour les bonnes raisons, à bien manger et à aimer bouger. Une phrase simple à lire, mais qui peut sembler ô combien difficile à mettre en application ! Ne vous inquiétez pas, vous n'êtes pas la seule personne à trouver cela ardu. Sur le front, avec vous, il y a notamment les nutritionnistes et les médecins. Voici ce qu'ils peuvent faire :

* Une nutritionniste peut vous aider à acquérir de saines habitudes alimentaires et de vie, en famille. Le but visé : que l'alimentation

permette d'être en santé et de conserver cette santé plutôt qu'un poids donné ;

* Un médecin ou une nutritionniste peut vous aider à interpréter les courbes de croissance de votre enfant ;
* Un médecin évaluera la santé générale de votre enfant au lieu de se concentrer uniquement sur le poids.

L'aide d'un psychologue est aussi souvent très utile. Ces experts sont là pour vous aider, mais pas pour faire le travail à votre place. Ils fournissent des outils, mais tout le monde sait que des outils inutilisés, ça ne construit rien ! On ne se cachera pas que changer exige des efforts et un investissement personnel. Mais vous ne le regretterez pas, car ce sera l'investissement le plus profitable de votre vie... et de celle de vos enfants. Consulter une nutritionniste sera toujours profitable, et encore plus si :

* la croissance (dont le poids) de votre enfant s'accélère ou ralentit abruptement ;
* manger vous préoccupe ou préoccupe votre enfant ;
* vous avez cherché et essayé des solutions sans succès ;
* vous vous inquiétez de l'alimentation ou de la croissance de votre enfant.

Gardez toujours en tête que le plus important, c'est que votre enfant se sente aimé et qu'il sache qu'il peut réaliser de grandes choses et être heureux, peu importe son enveloppe corporelle. Dans cet ordre d'idée, mieux vaut qu'il ne sache pas (et ne ressente pas) que son poids vous inquiète. Rencontrez d'abord la nutritionniste seul afin de faire le point sur vos préoccupations, vos habitudes, vos objectifs et la démarche à entreprendre. Elle vous suggérera peut-être des rencontres ultérieures avec votre enfant, mais peut-être qu'elle préférera plutôt que cela demeure un sujet d'adultes. S'il y a véritablement un problème de poids, l'enfant est généralement impliqué. Le chapitre 11 traitera plus en détail de l'approche préconisée dans cette situation.

Deuxième partie

À L'ACTION !

Chapitre 3

PRÉVENEZ !

AGIR, C'EST BIEN, AGIR TÔT, C'EST MIEUX !

Voici les clés du succès de la prévention. Vous verrez qu'il s'agit avant toute chose d'une histoire de famille…

Éduquer un enfant, c'est plein de petits enseignements au jour le jour : se brosser les dents après les repas, se laver les mains après une visite à la salle de bains, enlever ses chaussures en entrant dans la maison, faire son lit quand on se lève… C'est ainsi que ces gestes simples deviennent des habitudes, des automatismes : ils font partie de son quotidien sans que votre enfant les remette en question continuellement.

Bien s'alimenter et bouger devraient aussi faire partie du rituel quotidien dès son plus jeune âge. D'abord parce que c'est salutaire. Ensuite parce qu'il est beaucoup plus facile d'acquérir de bonnes habitudes et de les conserver que de modifier de moins bonnes habitudes une fois qu'elles sont bien ancrées. Ce que vous montrez à votre enfant quand il est petit reste gravé dans sa mémoire. Vous aurez peut-être l'impression qu'il y a des fuites pendant son adolescence, mais ne désespérez pas ! L'adulte qu'il deviendra vous en sera reconnaissant.

Mieux vaut prévenir que guérir, dit le proverbe. L'obésité est difficile à traiter, c'est pourquoi on parle tant de prévention. Et la prévention, ça débute dès qu'un enfant commence à s'alimenter. De façon innée, le nourrisson pleure lorsqu'il a faim et arrête de boire lorsqu'il est rassasié. Il est même en mesure d'ajuster le volume de lait ou de formule lactée qu'il boit en fonction de sa dilution ou de sa concentration, de façon à ingérer le nombre de calories dont il a besoin. Vous avez un rôle à jouer pour qu'il conserve ce précieux réflexe, puisque vos paroles, vos attitudes et vos comportements influencent son développement. De même, son ouverture aux aliments, aux découvertes et à la nouveauté dépend des stimulations qu'il reçoit. On dit souvent que les enfants sont comme des éponges, qu'ils absorbent tout ce qu'on leur donne en termes d'informations… même ce qu'on ne souhaite pas leur transmettre.

Matière à réflexion

VOUS êtes le modèle qui a le plus d'influence sur votre enfant.

À CHAQUE MAL SON REMÈDE

Comme parent, il importe de comprendre les besoins de son enfant et d'y répondre adéquatement. Il a froid ? On l'habille. Il a faim ? On le nourrit. Il est fatigué ? On le met au lit. Il veut être cajolé ? On le prend dans ses bras. Il est fâché ? On le laisse s'exprimer. Un jeune enfant doit apprendre à différencier ses émotions et à trouver les solutions pour mieux se sentir. C'est le rôle des parents de lui enseigner cela.

UNE QUESTION D'ATTITUDE

Pour pouvoir enseigner à votre enfant à bien manger, vous devez vous-même avoir une bonne attitude vis-à-vis de la nourriture. Il faut cesser de voir le diable dans son assiette… ou dans la leur ! Manger doit être plaisant. Bien que la fonction principale des aliments soit de nous nourrir, la notion de plaisir est compatible, voire essentielle, à une saine alimentation et à une bonne santé. En tant que parents, nous sommes tentés d'utiliser toutes sortes d'arguments pour que nos enfants mangent bien. Ce faisant, nous n'avons que de bonnes intentions, mais nos gestes et nos paroles ont parfois des conséquences insoupçonnées. Ils peuvent même entraîner les résultats que l'on souhaitait justement éviter.

Si vous vous reconnaissez dans certains des comportements ci-après, ne paniquez pas. Une relation malsaine avec la nourriture ne s'installe pas du jour au lendemain. Ce n'est qu'à force de conditionnement, de manœuvres répétées sur une longue période que les dommages se manifestent. Il existe de nombreuses symboliques rattachées aux aliments, et c'est de les ignorer qui serait anormal. Manger pour des raisons émotionnelles n'est pas mauvais en soi, puisque c'est souvent une manière de célébrer et parfois de se réconforter. Cela devient problématique quand manger est la principale façon de gérer ses émotions. L'idée n'est donc pas d'éliminer complètement la composante émotive de l'alimentation. Elle peut faire partie de nos vies sans que nous « mangions nos émotions », comme on dit. Le but est de savoir déceler les nombreux sens cachés des aliments afin d'en être conscient et vigilant. Voici des phrases et des attitudes à éviter.

Consoler, calmer

Pour un bébé, pleurer peut vouloir dire « j'ai faim », « j'ai froid », « je suis mouillé », « j'ai mal au ventre », « je veux me faire prendre » et bien plus encore. Pourquoi répondrions-nous systématiquement à ses pleurs en lui offrant le sein ou le biberon ? Dans bien des cas, s'il cesse effectivement de se plaindre, c'est simplement parce que sa bouche, qui lui permet de s'exprimer, est pleine ! C'est la même chose à tout âge quand on tente de faire abstraction de ses états d'âme. Apaiser la colère, mettre fin à une crise, sortir de l'ennui, faire oublier la tristesse ou la douleur en donnant à manger conditionnent l'enfant à utiliser la nourriture comme solution à tous ses maux.

Jouer avec leurs cordes sensibles

« Bravo, tu as tout mangé », « Fais-moi plaisir et mange ». Vos enfants vous aiment et veulent vous plaire. Cependant, les aliments ne servent pas à démontrer ni à recevoir de l'amour. Bien sûr, vous aimez votre enfant et vous le lui démontrez de diverses manières, notamment quand vous le nourrissez. Cela dit, votre enfant ne doit pas en venir à croire que votre amour est conditionnel à un comportement alimentaire de sa part. S'il croit que vous l'aimez parce qu'il vide son assiette, qu'il vous fait de la peine s'il ne mange pas tout, ou qu'il reçoit votre attention uniquement quand il fait le difficile à table, il risque de donner une signification particulière aux aliments. Le fait de considérer – bien qu'inconsciemment – les aliments comme des preuves d'amour agit comme une énorme interférence quand vient le temps d'écouter ses signaux internes de faim et de satiété indispensables pour bien combler ses besoins.

Culpabiliser

« Il y a des petits enfants pauvres qui meurent de faim, et toi, tu ne finis même pas ton assiette. » Les enfants ne sont pas responsables de la faim dans le monde. Autre exemple de culpabilisation : « Il ne faut pas gaspiller d'aliments. » Pourtant, le gâchis est bien plus grand si l'enfant apprend à vider son assiette coûte que coûte… surtout à l'ère des portions gargantuesques.

Restreindre ou interdire

Les enfants qui se sentent privés deviennent préoccupés par les aliments. Ils mangent dès qu'ils en ont l'occasion – parfois en cachette –, et ce, souvent plus qu'ils en ont besoin. Ils retrouvent leur habileté à manger en fonction de leur faim seulement quand ils sont assurés de ne manquer de rien. Les interdits alimentent le désir. Quand les croustilles, les friandises, la crème glacée et d'autres aliments-gâteries ne sont jamais permis, les enfants sont portés à se gaver aussitôt qu'ils y ont accès. Si, au contraire, ces aliments sont disponibles de temps à autre, les enfants comprennent qu'ils n'ont pas à faire de réserve, car l'occasion d'en manger se représentera.

Insister

« Encore deux petites bouchées », « Tu ne pourras pas aller jouer tant que tu n'auras pas tout mangé ». Les enfants que l'on force à manger y perdent goût et mangent moins, sans compter le climat désagréable qui s'installe à l'heure des repas. Ils recommencent généralement à mieux manger quand on leur laisse une marge de manœuvre. Vous pouvez les encourager, mais pas les obliger, comme on ne peut forcer à boire le cheval qu'on amène à la rivière ! Forcer un enfant à manger le contraint à réprimer ses signaux internes de faim et de satiété. Alors, il ne s'alimente plus pour combler ses besoins, mais pour être obéissant… ou bien refuse pour avoir le dernier mot ou pour vous défier. Par ailleurs, les enfants résistent naturellement à la nouveauté. Il faudra peut-être cinq, dix ou vingt occasions avant qu'ils daignent goûter à ce « légume bizarre », et probablement encore plus pour l'apprécier. Continuez tout de même de leur présenter des aliments nouveaux (sans les faire manger de force), et leur registre alimentaire s'élargira progressivement. Soyez patient…

Punir ou récompenser

« Finis ton assiette si tu veux du dessert. » On croit bien faire en mettant l'accent sur les aliments les plus nourrissants. Toutefois, le message ainsi véhiculé place le dessert sur un piédestal. Il sous-entend que les légumes, les féculents, la viande, etc., sont une obligation, un obstacle, et que le dessert est un privilège, une récompense. Les premiers sont perçus négativement et le second devient désirable. De plus, cette attitude enseigne à l'enfant à repousser les limites de sa faim, à ignorer ses signaux internes de satiété pour ne pas manquer le « meilleur ». Il est puni quand il s'écoute, quand il arrête de manger au moment où son corps le lui dicte. Accordez autant d'intérêt et de plaisir au repas principal qu'au dessert. De même, évitez de donner des friandises en guise de récompense pour un devoir bien fait, une nuit sans pipi au lit ou tout autre comportement digne de mention. Soulignez ses efforts et ses réussites par des moyens non alimentaires.

Remplacer

Donner à manger à son enfant plutôt que de jouer avec lui, lui laisser des chips, du chocolat ou des boissons gazeuses en guise de compensation quand on s'absente sont des comportements qui peuvent créer un réflexe de manger par ennui.

Faire la morale

Les enfants n'ont rien à faire des considérations nutritionnelles. Ils ne mangent pas un aliment parce qu'il est bon pour eux, ils le mangent parce qu'ils en apprécient le goût. Ils apprennent à aimer ce qui leur est offert régulièrement et ce qu'ils vous voient manger avec appétit. Donc, plutôt que de dire : « Mange ton brocoli, c'est plein de vitamines » ou « Mange ton tofu, c'est bon pour la santé », dites : « Goûte tes légumes comme ils sont bons » ou « Miam ! du bon tofu » (soyez convaincant !). Prenez plaisir à bien manger, ce sera contagieux. Le fait d'être un modèle pour ses enfants est plus efficace pour améliorer leur alimentation que toute tentative de contrôler tout ce qu'ils mangent.

1

40 MOYENS D'AIDER VOTRE ENFANT

Utilisez les aliments pour nourrir votre enfant, pas pour d'autres raisons.

TELS PARENTS, TELS ENFANTS, TELLES ASSIETTES

Il n'est pas rare de rencontrer, au sein d'une même famille, plusieurs membres aux prises avec un problème de poids. Bien qu'il existe des prédispositions génétiques à l'obésité, nos gènes joueraient également – et surtout, semble-t-il – un rôle dans nos comportements alimentaires et dans notre propension à l'activité physique. Ainsi, la tendance à manger certains types d'aliments (par exemple, des aliments riches en gras) ou la tendance à bouger seraient en partie héréditaires. Cette prédisposition pourrait toutefois s'exprimer différemment en fonction des stimuli et des encouragements reçus. Autrement dit, tous les enfants ont le potentiel de bien manger et de bouger. Même si certains risquent davantage d'être victimes d'un environnement obésogène que d'autres, tous gagnent à avoir un bon encadrement pour acquérir de saines habitudes de vie. Quand la silhouette des parents et celle de leurs enfants se ressemblent, c'est donc non seulement parce que leur bagage génétique le veut, mais aussi parce que la composition de leur alimentation est similaire. La disponibilité et l'accessibilité des aliments, voire la simple exposition de ces aliments, affectent les préférences et les choix alimentaires des enfants et, en conséquence, leur poids.

LES REPAS EN FAMILLE

Vous connaissez l'expression « fais ce que je dis et pas ce que je fais » ? Eh bien, pour « l'éducation alimentaire » de vos enfants, oubliez-la ! Pour faire de vos enfants des « mangeurs équilibrés », il n'y a pas de meilleure méthode que de prêcher par l'exemple. Et c'est tant mieux, puisque tout le monde peut ainsi en profiter.

Matière à réflexion

Le repas en famille, qui était la norme dans le temps de nos parents et de nos grands-parents, est une bonne habitude qui se raréfie.

Mais par où commencer ? Comment s'y prendre pour donner à nos enfants un bon encadrement alimentaire ? La première étape consiste à prendre vos repas en famille. Avec le travail et l'école, c'est irréaliste de penser partager les trois repas chaque jour, et parfois même un seul quand un des parents rentre tard. Visez un repas par jour le plus souvent possible, idéalement le repas du soir, qui vous accorde plus de temps ensemble. Les repas en famille sont un incitatif à bien se nourrir et à prendre plaisir à le faire. Ils sont bien plus qu'une occasion de manger ; ils offrent un moment unique pour se retrouver, échanger et resserrer les liens familiaux. Ils permettent aux jeunes de ressentir un meilleur soutien affectif, et contribueraient ainsi à éloigner les problèmes de dépression, d'anxiété, de décrochage scolaire et de toxicomanie.

Il y a au moins deux conditions pour que les repas en famille soient profitables sur le plan émotif : fermer la télévision afin de favoriser les échanges et créer un climat agréable. Cela semble évident ; pourtant, le repas est une expérience désagréable pour une famille sur trois ! Plus c'est le cas, plus les enfants ont tendance à fuir le repas familial en vieillissant. Privilégiez les sujets qui entraînent une conversation harmonieuse, car la table se vide rapidement quand l'échange tourne au vinaigre. Gardez les reproches et les sujets délicats pour un autre moment.

Le repas familial est également bon pour la santé. Les enquêtes révèlent que les familles qui en prennent l'habitude s'alimentent mieux que les autres. Elles consommeraient notamment plus de fibres alimentaires, plus de produits laitiers, moins de gras et moins de sel. De plus, les enfants qui répètent cette expérience au moins trois fois par semaine sont moins sujets à présenter un surpoids.

Matière à réflexion

Les repas en famille contribuent à bâtir la santé physique et émotive de votre enfant.

Prendre un repas en famille, c'est également partager le même repas (à la maison, du moins, et pas nécessairement au restaurant). Bien sûr, si vous mangez des restes à l'occasion, il vous arrivera d'avoir chacun une assiette différente, et ce n'est pas grave. Prenez au moins l'habitude d'offrir aux petits des aliments que vous accepteriez de manger vous-même. Cela vous semble évident ? Pourtant, j'ai déjà vu un parent servir à son enfant deux restes qui n'allaient pas du tout ensemble, s'étonner de son refus et l'obliger à finir son assiette.

Par ailleurs, si vous êtes soucieux de servir des aliments variés et de bonne qualité à vos enfants, accordez-vous cette même attention. Négliger votre alimentation ou manger en vitesse sur le coin du comptoir en accomplissant des tâches ménagères ne convaincra pas vos enfants de l'importance des repas. C'est dans le milieu familial que s'exerce la plus forte influence sur la vie d'un enfant, et vous y êtes au cœur.

2 — **40 MOYENS D'AIDER VOTRE ENFANT**

Mangez aussi souvent que possible en famille.

LAISSER LA FAIM S'EXPRIMER

Pour un jeune enfant, écouter sa faim est naturel. Ce sont les interventions de son entourage qui inhibent ce mécanisme de régulation inné. En tant que parent, il faut y être sensible, et savoir reconnaître et respecter les signaux de faim et de satiété que vos enfants manifestent. Il faut leur faire confiance. Concrètement, cela signifie leur laisser une marge de manœuvre. Le chapitre 6 donne des conseils et des astuces pour mettre cela en application, quel que soit l'âge de vos enfants.

Encouragement et soutien, sans obsession

Si votre enfant a un excès de poids, évitez de le culpabiliser et même de lui faire une remarque à ce sujet. Il sait sûrement qu'il présente un surpoids. Qui plus est, l'isolement et les remarques dont il est peut-être l'objet à l'école le tourmentent déjà trop. Il doit savoir que votre amour et votre soutien sont inconditionnels et que sa silhouette n'a rien à y voir. Son poids ne doit pas être le centre d'attention. C'est sa santé qui compte. Sa santé physique bien entendu, mais aussi sa santé mentale. Pour éviter qu'il se sente à l'écart à la maison, ne lui préparez pas une assiette spéciale et ne lui interdisez pas des aliments auxquels les autres membres de la famille ont accès. Si vous lui servez de la salade quand les autres assiettes sont garnies de frites, si vous lui donnez une compote de pommes quand vous mangez du gâteau, ou si vous l'obligez à croquer des crudités quand son frère ou sa sœur grignote des chips, c'est certain qu'il trouvera cela frustrant.

L'encouragement et le soutien se manifestent par des gestes concrets et non pas seulement par des paroles. L'adoption d'habitudes à long terme se fait à l'aide d'une approche positive, pas avec des restrictions. Si les changements sont apportés et adoptés progressivement par toute la famille, l'enfant se laissera emporter par la vague plutôt que de nager à contre-courant. Et il n'est pas question de mettre toute la famille au régime. D'ailleurs, qui a parlé de régime ? On parle ici de saines habitudes et de gros bon sens. Le but, c'est que toute la famille soit en bonne santé et bien dans sa peau.

L'implication de la famille est primordiale. « Malheureusement, c'est souvent ce qui fait défaut », m'avoue Nadia, une collègue travaillant dans un centre de santé et de services sociaux. « Les premières rencontres, où j'amène lentement l'enfant à faire de meilleurs choix, se déroulent généralement assez bien. Mais dès que je sollicite la mère pour qu'elle change une méthode de cuisson ou modifie une recette, par exemple, elle cesse parfois de venir aux rencontres... », se désole-t-elle. L'engagement de la personne qui fait les achats et qui prépare les repas est essentiel. Cela dit, il est important que les deux parents se sentent concernés. « Un père peu compréhensif et réticent au changement nuit considérablement à la prévention et au traitement du surpoids », souligne Nadia.

3

40 MOYENS D'AIDER VOTRE ENFANT

Considérez l'alimentation de votre enfant comme une affaire de famille.

DES BUTS RÉALISTES ET À LONG TERME

Ne tentez pas de changer vos habitudes de vie de façon draconienne, car, comme le dit l'adage, quand on chasse le naturel, il revient au galop ! Allez-y étape par étape : fixez des objectifs graduels concernant les repas en général, la qualité de l'alimentation, l'activité physique et le repos. Pour les atteindre, vous devrez faire des efforts, mais personne ne peut les déployer à votre place. Chaque petite réussite vous procurera de la satisfaction et la force de continuer. Se laisser le temps d'assimiler chacune de ces nouvelles habitudes et d'être à l'aise avec elles est la meilleure façon de les faire durer.

Choisissez le bon moment pour entreprendre ces changements. Par exemple, la période des fêtes, avec les nombreuses réunions de famille et les horaires irréguliers qu'elle comporte, n'est peut-être pas le moment idéal. Même chose pour le début des classes, surtout s'il s'agit de la première année scolaire, puisque l'enfant a déjà beaucoup de nouveau à apprivoiser.

Je vous propose un plan d'exécution, ou un plan de match, à l'annexe 2. Il s'agit d'exemples et de suggestions d'objectifs. Appliquez ceux qui conviennent à votre situation, à l'étape où vous en êtes pour chaque catégorie.

4

40 MOYENS D'AIDER VOTRE ENFANT

Impliquez votre enfant dans la préparation des repas.

Chapitre 4

ALIMENTATION : PORTRAIT DE LA SITUATION

UN PORTRAIT PEU FLATTEUR

Bien manger est un défi de taille (sans jeu de mots !). Selon une enquête sur la santé des collectivités effectuée par Statistique Canada, seulement le tiers des enfants et des adolescents canadiens mangent quotidiennement cinq portions (ou plus) de fruits et de légumes (au Québec, cette donnée s'élève à 49 %). Or, c'est le minimum recommandé par le *Guide alimentaire canadien* pour la tranche d'âge des quatre à huit ans. Les enfants plus âgés devraient en manger de six à dix portions. Et devinez quel « légume » arrive en tête de liste, sur le plan de la popularité : la patate… frite. Par ailleurs, la majorité des jeunes ne consomment pas assez de produits laitiers. Quant aux produits céréaliers à grains entiers, ils ne sont pas très populaires non plus. Mais alors, qu'est-ce qui a la cote ? Les calories liquides, notamment…

Les boissons procurent environ 20 % de l'apport énergétique des jeunes Québécois. Un enfant sur cinq boit au moins une boisson gazeuse ou une boisson à saveur de fruits chaque jour, et un sur dix en boit au moins trois. De plus, environ 25 % des calories de l'alimentation proviennent de la catégorie « autres aliments », c'est-à-dire qui ne font pas partie des groupes de base du *Guide alimentaire canadien*. D'une manière globale, les aliments pauvres en éléments nutritifs, comme les gâteaux, les biscuits, les pâtisseries, les boissons gazeuses, les confitures, les sirops et les grignotines salées, sont ceux qui contribuent le plus à l'apport calorique des jeunes. Conclusion : il y a place à l'amélioration.

SURALIMENTÉS, MAIS MAL NOURRIS

Le Canada, tout comme la France, les États-Unis et d'autres pays occidentaux, est un pays d'abondance. Sans ignorer les familles à faible revenu et les enfants qui ne mangent pas toujours à leur faim, la tendance générale est à la surconsommation. Non seulement mange-t-on collectivement trop, mais on mange trop d'aliments raffinés et peu nourrissants, riches en calories, en mauvais gras, en sel et en sucre, et pauvres en vitamines, en minéraux et en d'autres nutriments. Malgré leurs défauts, il est difficile de résister à ces aliments parce qu'ils sont goûteux (le gras, le sucre et le sel qu'ils contiennent leur confèrent effectivement beaucoup de saveur) et largement accessibles. La bouffe, et surtout la malbouffe, est partout : au cinéma, au centre commercial, dans les arénas, les centres de ski, les centres sportifs, à l'école et même à l'hôpital.

Matière à réflexion

Au Québec, on consomme plus de boissons gazeuses que de lait. Autre révélation : la pomme de terre est le légume le plus populaire ; il représente plus de 50 % de tous les légumes consommés au Canada. La pomme de terre est un bon aliment en soi ; le problème, c'est que, dans environ la moitié des cas, on la consomme sous forme de frites ou de croustilles. Ainsi transformée, on ne devrait même plus en parler comme d'un légume...

ALIMENTATION RAPIDE = GAIN DE POIDS RAPIDE

Le *cheeseburger*, les frites et la pizza ne causent pas de dommage lorsqu'ils sont consommés avec parcimonie. Malheureusement, ils font trop souvent partie du menu, et c'est cela qui cause problème. Comme tous les aliments gras, ils sont très riches en calories. En comparaison, les glucides (sucres) et les protéines fournissent chacun 4 calories/gramme, alors que les gras en fournissent plus du double, soit 9 calories/gramme. Bien qu'il existe des menus pour enfants où les portions sont plus raisonnables, ce sont généralement de grosses portions qui sont mises de l'avant et qui prennent place dans leur plateau. La prise de poids survient quand on mange plus de calories qu'on en dépense. Il va sans dire que les aliments riches en gras combinés aux gargantuesques portions favorisent cette prise de poids.

En fait, fréquenter des restaurants-minute, les fameux *fast-food*, favorise le gain de poids, si l'on en croit plusieurs études dont une enquête américaine menée auprès de plus de 6200 enfants et adolescents. Les résultats, publiés en 2004, démontrent que les jeunes consommaient en moyenne 187 calories de plus les jours où l'alimentation rapide faisait partie de leur menu. Au rythme d'une fois par semaine, ce surplus peut représenter un gain de poids d'environ 1 kilo (presque 3 livres en fait) en un an – à moins que cette énergie supplémentaire ne soit dépensée, évidemment. Les kilos s'accumulent encore davantage si les visites chez McDo et compagnie sont plus fréquentes.

L'idéal est d'y aller mollo en ce qui concerne ce genre d'aliments et de restaurants. Cependant, on ne se cachera pas que la plupart des enfants les adorent. Je vous propose donc quelques compromis :

- « Envoyez » votre enfant jouer dans les jeux du resto (s'il y en a) ou jouer dehors pendant une ou deux heures quand vous reviendrez à la maison.
- Réduisez autant que possible la fréquence de vos repas de restauration rapide. Et quand l'envie vous prendra de manger ce type d'aliments, préparez-en à la maison. Vous gagnerez par exemple à préparer des croquettes de poulet à partir de poitrines de poulet désossées, sans peau, enrobées de chapelure de pain ou de céréales. Vous pourrez aussi peler et couper des pommes de terre en forme de frites, les arroser d'un soupçon d'huile d'olive et les cuire au four (notez que plusieurs sortes de frites surgelées, même si vous les faites cuire au four, sont riches en gras, car elles sont précuites dans l'huile). Pour ce qui est des hamburgers, il n'y a rien de plus simple ! Préparez-les avec de la viande extra-maigre et garnissez-les de légumes grillés.

Les préparations maison et les choix du commerce sont des compromis acceptables. Cela dit, votre enfant gagnera encore plus à élargir ses horizons, ainsi qu'à découvrir des aliments tout autres et de nouvelles saveurs.

5

40 MOYENS D'AIDER VOTRE ENFANT

Faites des restaurants-minute une exception.

LES ALIMENTS, UNE SOURCE DE PLAISIR !

Manger est un des plaisirs de la vie. C'est même le « passe-temps » favori de 84 % des Américains interrogés lors d'un sondage ! Au lieu de manger pour vivre, on en vient à vivre pour manger. Est-il possible de retrouver un équilibre et de prendre plaisir à *bien* manger ? Si oui, comment faire ? Comment nos enfants devraient-ils manger ?

L'élément le plus important à toujours garder en tête, c'est que votre enfant est en croissance et doit pouvoir bénéficier d'une alimentation optimale. Bien nourrir son enfant ne consiste pas à le priver, mais à lui fournir de bons aliments. La priorité est sa santé. Même s'il a réellement un surplus de poids, le but premier est qu'il retrouve et conserve une bonne santé. Bien souvent, un changement dans les habitudes de vie suffit à entraîner la perte de quelques kilos lorsque c'est souhaitable. Plusieurs ne perdent pas de poids, mais grandissent sans en prendre. On dit parfois qu'ils « étirent ».

Le fait d'adopter de saines habitudes de vie (alimentation et activité physique) est davantage porteur de fruits qu'un programme contraignant ou qu'un régime, tant sur le plan physique que sur le plan psychologique. Pour cela, la notion de plaisir est essentielle. Il faut en faire une mission quotidienne, un plaisir de tous les jours. Les attitudes et les comportements sains doivent être encouragés et valorisés au quotidien, mais ils doivent aussi – et surtout – être associés aux activités festives et plaisantes (comme les anniversaires ou la semaine de relâche). Par exemple, choisissez un restaurant autre qu'un resto-minute pour souligner un événement particulier. La sortie au restaurant est en soi un événement spécial pour la majorité des enfants. Pourquoi ne pas préparer un pique-nique ou simuler un restaurant à la maison ? Incluez une belle salade de fruits multicolore au menu d'une fête d'enfants.

Côté sport, il peut s'agir – selon la saison et l'accessibilité aux sites – de :

- fêter un anniversaire aux glissades d'eau, dans un chalet au pied des pentes de ski, dans un refuge, à la plage, à la piscine, aux quilles, etc. ;
- faire visiter les plus beaux sentiers pédestres de votre région à votre famille ou à vos amis en visite ;

* jouer au hockey ou au soccer (les équipes pouvant inclure les parents et les enfants) dans un parc, dans la ruelle ou dans la rue (dans les municipalités où c'est possible).

Les chapitres suivants vous donneront encore plus d'idées pour avoir du plaisir à bien manger et à bouger avec votre enfant.

Chapitre 5

DES CONSEILS ALIMENTAIRES DE BASE

LES FRUITS ET LES LÉGUMES

Ce n'est un secret pour personne : les fruits et les légumes sont bons pour la santé. Ils regorgent de vitamines, de minéraux, d'antioxydants, bref d'une foule de nutriments qui contribuent à nous protéger de diverses maladies. Les fruits et les légumes joueraient même un rôle en matière de contrôle de poids, notamment grâce à leur riche contenu en eau (en moyenne 90 %) et à leur faible teneur en calories. Ainsi, ils permettent d'avoir des assiettes bien garnies et un estomac bien rempli, sans souci. Les fruits et les légumes sont aussi de bonnes sources de fibres alimentaires qui aident à nous rassasier.

Matière à réflexion

Les enfants et les adolescents qui mangent au moins cinq portions de fruits et de légumes par jour sont nettement moins susceptibles d'être obèses ou même de faire de l'embonpoint que ceux qui en consomment moins souvent.

En 2004, moins d'un enfant et d'un adolescent sur deux mangeait le nombre minimal de cinq portions recommandé alors par le *Guide alimentaire canadien* (le nombre de portions recommandé a augmenté dans le guide révisé de 2007). Seulement 20 % des petits de quatre ans consommaient le nombre suggéré. En France, en 1999, moins de 10 % des jeunes âgés de 8 à 14 ans mangeaient les cinq fruits et légumes recommandés quotidiennement dans le Programme national nutrition-santé (PNNS). Quand on sait que les préférences et les habitudes s'acquièrent au cours des premières années de vie et que l'alimentation en bas âge est liée à la santé à court et à long terme, on comprend aisément l'importance d'inculquer le plus tôt possible de bonnes habitudes à nos jeunes. Mais comment faire ?

La fin justifie les moyens

Offrez une abondance de fruits et de légumes à vos enfants, et montrez-leur l'exemple en en mangeant et en vous délectant. Pour ce faire, voici quelques suggestions :

- Ajoutez des fruits frais, surgelés ou séchés au bol de céréales matinal.
- Mélangez des fruits frais ou surgelés à du jus, à du lait, à du yogourt ou à du tofu soyeux pour en faire une boisson fouettée (style *smoothie*) ; cette boisson est excellente au déjeuner, en collation ou en guise de dessert.
- Présentez à vos enfants des fruits apprêtés, par exemple une orange pelée, des boules de melon, des cubes de mangue ou d'ananas, etc., donc prêts à manger et plus tentants. Pour le plaisir des yeux, mélangez des fruits de couleurs différentes comme des raisins verts et des rouges, du cantaloup et du melon miel, des ananas et des fraises, des cerises et des kiwis, etc.
- Ajoutez des légumes ou des fruits dans les sandwiches. Outre les traditionnels tomate et laitue, ce peut être, par exemple, des poivrons, des asperges ou des tranches de champignons portobellos grillés, des tranches de pomme ou de poire, en encore des raisins coupés en deux.
- Ajoutez des légumes sur la pizza.
- Incorporez des légumes aux soupes, aux potages, aux sauces pour pâtes, etc.
- Présentez les légumes en salade, en brochette, sous forme de purée ou de crudités, grillés ou gratinés, entre autres.
- Taillez les crudités avec des couteaux ondulés, faites-en des formes géométriques ou encore des fleurs.
- Offrez des crudités avec des trempettes à base de yogourt nature, de tofu soyeux ou de hoummos. La beauté du yogourt nature et du tofu soyeux est qu'ils se transforment tant en trempettes sucrées (avec

les fruits) qu'en trempettes salées (avec les légumes). Vous trouverez quelques recettes à la fin du livre.

- Offrez des compotes sans sucre ajouté en guise de collation ou de dessert. Elles renferment l'équivalent de 2 c. à café (2 c. à thé) de sucre de moins par portion que les versions sucrées. On en trouve désormais une grande variété sur le marché.
- Offrez à vos enfants deux ou trois légumes différents. Ils verront dans leur assiette de plus petites quantités que s'ils avaient une grosse portion d'un seul légume.

Il existe des dizaines et des dizaines de façons de présenter les fruits et les légumes pour les rendre amusants et plus attirants : formes d'animaux ou de bonshommes, cocktails, etc. Le site Internet suivant donne plusieurs idées : *Le festin enchanté de cru-cru*, [www.msss.gouv.qc.ca/nutrition/cru-cru].

Suscitez la curiosité de votre enfant, attisez son intérêt en lui proposant :

- des jeux, des devinettes, des comptines et des rimes dont les fruits et les légumes sont les vedettes ;
- des « missions spéciales », telles que :
  - chercher une recette pour apprêter un fruit ou un légume,
  - décider des légumes du repas,
  - chercher des informations dans Internet ou à la bibliothèque sur un fruit ou un légume ;
- des dégustations de nouveaux fruits et légumes, ou des dégustations à l'aveugle de fruits et de légumes déjà connus ;
- un tableau ou un calendrier sur lesquels il peut dessiner les fruits et les légumes ;
- de cuisiner avec vous ;
- de faire pousser des légumes dans un petit potager ou simplement d'acheter et d'entretenir un plant de tomates dans un bac.

Pour d'autres idées, je vous recommande les activités éclair proposées dans le guide éducatif de l'organisme Sport étudiant (dont vous trouverez les détails au chapitre 12) et dans la rubrique « Chaque jour, moi j'croque » du site Internet [www.sportetudiant.qc.ca]. Par ailleurs, Les Jouets Boom proposent une panoplie de jeux pour faire pousser des légumes et des fines herbes, et pour cuisiner des plats d'origines ethniques diverses. Des objectifs pédagogiques sous-tendent chaque activité, et c'est amusant ! Pour de plus amples informations : [www.jouetsboom.com] ou 1 888 530-2666.

6 — 40 MOYENS D'AIDER VOTRE ENFANT

Accordez une place importante aux fruits et aux légumes dans l'alimentation de votre enfant.

Qu'est-ce qu'une portion ?

Une portion, c'est :

- un fruit moyen : une pomme, une orange, une poire, etc. ;
- 60 g ou 125 ml ou ½ tasse de petits fruits : bleuets, framboises, fraises, etc. ;
- 80 g ou 125 ml ou ½ tasse d'autres fruits : cantaloup, melon d'eau, ananas, etc. ;
- 90 g ou 125 ml ou ½ tasse de légumes frais, surgelés ou en conserve ;
- 90 g ou 125 ml ou ½ tasse de légumes feuillus cuits : épinards cuits, chou chinois cuit, etc. ;
- 60 g ou 250 ml ou 1 tasse de légumes feuillus crus : laitue, épinards, etc. ;
- 125 ml (½ tasse) de jus de légumes ou de fruits pur à 100 %.

Les fruits et les légumes entiers sont préférables aux jus. Le jus ne doit compter que pour une seule portion par jour, peu importe la quantité consommée (idéalement, pas plus d'une portion). Et, bien entendu, on parle de jus de fruits pur à 100 %, et non pas de boisson à saveur de fruits.

Qu'est-ce qui ne compte pas ?

Malgré leur nom ou leur présentation qui mettent à l'avant des fruits ou des légumes, les aliments suivants n'en sont pas des sources valables :

- le ketchup ;
- les frites et les croustilles ;
- les boissons à saveur de fruits ;
- les collations à saveur de fruits (aux apparences de jujubes) ;
- les confitures et la marmelade ;
- le yogourt aux fruits (à moins d'ajouter soi-même les fruits).

Des couleurs et encore des couleurs

Quels fruits et légumes sont les meilleurs ? Les meilleurs sont ceux que votre enfant aime et qu'il mange ! Les aliments les plus nutritifs du monde ne seront pas bénéfiques pour sa santé s'ils restent dans son assiette. J'insiste : pour qu'un aliment soit bon pour lui, il faut qu'il le mange et, pour ça, il faut qu'il l'aime ! Cela dit, les goûts se cultivent. Ne limitez pas votre enfant aux légumes et aux fruits qu'il aime aujourd'hui, car cela risque d'être assez restreint... Visez un objectif à long terme. Plus vous lui présenterez de fruits et de légumes différents, plus il en aimera quand il sera grand.

En matière de fruits et de légumes, comme pour l'alimentation en général, la valeur sûre est de manger de façon variée. Et « variée » rime avec « colorée ». Chaque fruit et légume a des richesses qui diffèrent des autres. Souvent, le secret réside dans leurs pigments de couleur ; donc, pour bénéficier d'un maximum de nutriments, il faut avoir une alimentation digne d'un arc-en-ciel. Vous pouvez en faire un jeu avec vos enfants et choisir à tour de rôle les deux ou trois couleurs à l'honneur pour chaque repas. Assurez-vous d'inclure toute la palette de couleurs au cours de la journée ou, à tout le moins, au cours de la semaine. Pour vous aider, vous pouvez, par exemple, bricoler un tableau ou un calendrier avec des icônes de fruits et de légumes ou des cartons de couleur. Voici quelques idées, mais notez que la liste qui suit n'est pas exhaustive :

- *Vert :* avocat, asperge, artichaut, brocoli, chou, chou de Bruxelles, cresson, kiwi, melon miel, laitue, épinard, pois, raisin vert ;
- *Bleu et violet :* bleuet, mûre, raisin Concord, aubergine, prune ;
- *Rouge :* fraise, framboise, cerise, canneberge, raisin rouge, tomate, betterave, poivron rouge ;
- *Jaune et orange :* cantaloup, mangue, orange, patate douce, carotte, citrouille, abricot, courge, maïs, poivron jaune ou orange, ananas, pamplemousse, banane ;
- *Blanc et beige :* chou-fleur, ail, oignon, panais, navet, pomme de terre, champignon, poire Bosc.

DES PROTÉINES RASSASIANTES

Les protéines rassasient davantage que les sucres et les gras. De plus, comme elles se digèrent relativement lentement, elles aident à ne pas arriver au repas suivant en manque total d'énergie (ce qui pousserait à manger vite et trop). Voilà pourquoi il est important de consommer une bonne dose de protéines à chaque repas. Pour cela, nul besoin de suppléments. Il suffit d'inclure de la viande, du poisson, des légumineuses, du tofu, des œufs, des noix ou des produits laitiers à chaque repas.

Les jeunes enfants qui trouvent la mastication de la viande difficile préféreront les très petites bouchées et les morceaux les plus tendres – pour ne pas dire mous – ou humides. En ce sens, privilégiez la viande marinée, braisée ou mijotée plutôt que grillée, et n'hésitez pas à l'arroser d'un peu de jus de cuisson ou de sauce.

D'un point de vue nutritif, optez pour la variété puisque la viande, le poisson, les légumineuses, le tofu, les œufs, les noix et les produits laitiers ont chacun leurs richesses. Cela dit, les légumineuses sont mes chouchous ! Elles sont à la fois riches en protéines et en fibres, et pauvres en matières grasses. Accordez-leur une place de choix dans l'alimentation de votre famille. Faites-en des salades multicolores, des purées qui seront des trempettes ou des garnitures à sandwichs, incorporez-les à vos soupes et potages, à vos sautés, mélangez-les à de la viande dans un pain de viande ou à une sauce à spaghetti, etc. Vous trouverez quelques idées pour les apprêter dans la section des recettes.

Parmi les viandes et la volaille, le poulet, la dinde, la viande chevaline, le bison et l'autruche, notamment, sont des choix relativement faibles en gras. Cela dit, tous les types de viande comportent des coupes maigres et d'autres plus grasses. Privilégiez les premières. Retirez le gras visible autour des pièces de viande, de même que la peau de la volaille.

Des viandes et des substituts maigres (10 % M.G. et moins)

Voici quelques suggestions :

* Légumineuses : haricots, gourganes, doliques, lentilles, pois chiches, etc. ;
* Poissons blancs : aiglefin, sole, tilapia, morue, etc. ;
* Autres poissons : thon, saumon, truite, etc. ;
* Crustacés et fruits de mer ;
* Tofu (soyeux et ordinaire) ;
* Volaille : dinde, poulet sans la peau ;

- Bœuf (sans le gras visible) : noix de ronde, pointe de surlonge, extérieur de ronde, haché extra-maigre, filet ;
- Porc : filet, jambon maigre ;
- Veau : toutes les coupes, quand le gras visible est enlevé ;
- Gibier et autres : chevreuil, cerf, orignal, sanglier, wapiti, autruche, émeu, lapin, viande chevaline ;
- Œuf.

Des viandes plus grasses

- Cuisse de poulet avec la peau ;
- Porc : épaule, côtes levées, bacon ;
- Bœuf : haché maigre ou ordinaire, pointe de poitrine ;
- Charcuteries : pepperoni, salami, saucisse fumée (à hot-dog), saucisson de Bologne, et plusieurs autres ;
- Terrines, pâtés (voir leur tableau de valeur nutritive, car il y en a des plus ou moins gras).

7 — **40 MOYENS D'AIDER VOTRE ENFANT**

Mettez régulièrement au menu le poisson, le tofu et les légumineuses.

Les produits laitiers

Les produits laitiers contiennent des protéines, mais ils peuvent aussi renfermer beaucoup de gras, dont des gras saturés. Les fromages sont les plus riches avec un pourcentage en matières grasses (% M.G.) dépassant fréquemment 25 % et même 30 %. Mais comme la viande, ils ne sont pas à éliminer de l'alimentation pour autant. Premièrement, parce que les enfants ont besoin d'énergie et de gras pour leur croissance et le développement de leur cerveau. Deuxièmement, parce qu'il faudrait plutôt réduire une foule d'autres aliments riches en gras et peu nutritifs avant de viser le nourrissant fromage. Cela dit, vous pouvez opter pour des fromages partiellement écrémés (comme la mozzarella à 17 % M.G. et même le cottage à 2 % M.G.) sans compromettre la santé de votre petit chéri.

Pour réduire l'apport en gras saturés sans négliger l'apport en calcium, le lait partiellement écrémé (pas avant l'âge de deux ans) et le yogourt sont tout indiqués. Cela dit, le lait est le numéro un, car il est moins sucré et il est enrichi de vitamine D (celle-ci favorisant l'absorption de calcium). Et n'oubliez pas que plusieurs autres aliments peuvent contribuer à l'apport en calcium, notamment les boissons de soya enrichies, les haricots blancs, rouges ou pinto, le tofu enrichi de calcium et le chou chinois.

Outre le rôle que joue le calcium dans le développement et la santé des os, il aurait aussi une influence sur le taux de gras corporel. Certaines études scientifiques, menées auprès des adultes et des enfants, démontrent que les personnes consommant plus de calcium sont souvent plus minces que celles qui en consomment peu. D'autres études infirment toutefois ces conclusions. Les recherches dans ce domaine sont encore relativement jeunes, mais il semble que le calcium puisse stimuler la dégradation des molécules de gras dans l'organisme (ce qu'on appelle la « lipolyse ») et en freiner la production (ce qu'on appelle la « lipogenèse »). Les scientifiques pensent que d'autres composantes laitières, comme les protéines, pourraient aussi avoir un rôle à jouer. Finalement, il est démontré que les jeunes qui boivent beaucoup de lait boivent moins de boissons gazeuses – et vice-versa – et que les boissons gazeuses sont généralement associées à un poids corporel plus élevé. Une bonne raison pour préférer le lait aux boissons gazeuses, c'est bien, mais deux raisons, c'est mieux !

8

40 MOYENS D'AIDER VOTRE ENFANT

Incitez votre enfant à boire plus de lait partiellement écrémé (2 % ou 1 % M.G.) que de boissons gazeuses.

LES GRAINS ENTIERS

Les grains sont dits « entiers » lorsqu'ils comprennent toutes les parties comestibles du grain : le son (l'enveloppe), le germe (le point d'attache à la plante) et l'endosperme (l'intérieur). Parmi les grains entiers, il y a notamment l'avoine, le riz brun, le riz sauvage, l'orge mondé, le seigle, l'épeautre, le kamut, le millet, le quinoa, l'amarante et le sarrasin. Le blé entier – sous forme de farine, de pâtes alimentaires, de céréales à déjeuner ou de couscous – est considéré comme une céréale entière même si, dans la majorité des cas, il ne comprend pas le germe.

Les grains entiers renferment beaucoup de fibres alimentaires, de vitamines, de minéraux et d'autres nutriments dont les phytoestrogènes et les antioxydants. Ils ont également une saveur plus prononcée que leur vis-à-vis raffinés. Apprivoisez-les en les mélangeant avec du riz blanc, du couscous ou de la farine tout usage et vous finirez par les apprécier tel quel. Initiez tôt vos enfants au sarrasin, au quinoa, au seigle et compagnie, et ils développeront naturellement le goût pour ces saveurs hors de l'ordinaire. On peut se procurer ces aliments encore méconnus dans les magasins d'aliments naturels et dans de plus en plus d'épiceries. Pour les essayer, voyez quelques suggestions dans la section des recettes.

Voici quelques idées pour intégrer les grains entiers dans l'alimentation de votre enfant (et dans la vôtre !) :

- Du pain de blé entier pour faire les rôties, le pain doré et les sandwiches ;
- De la farine de blé entier pour faire les gaufres, les crêpes maison et les muffins maison ;
- Des flocons d'avoine (gruau) ajoutés aux muffins et aux crêpes maison ;
- Des céréales pour le petit-déjeuner faites de grains entiers, de gruau ou d'autres céréales chaudes multigrains comme les Red River ;
- Des craquelins de blé entier ou de seigle pour accompagner la soupe ou le potage ;
- Une tortilla ou un pain pita de blé entier pour faire un sandwich roulé (*wrap*), des fajitas ou une pizza maison ;
- Du riz brun ajouté à une soupe ou à un sauté de légumes et de légumineuses ;
- Du quinoa ou du millet comme base de salade froide ou en guise d'accompagnement à un poisson ;
- Un risotto fait avec de l'orge mondé ou du millet ;
- Du riz brun dans un pouding au riz.

Pourquoi des fibres ?

Les aliments riches en fibres demandent une mastication et une digestion plus longues que ceux qui en sont dépourvus. C'est en partie ce qui explique qu'ils rassasient davantage et pour plus longtemps. Cela permet de ne pas arriver au repas suivant démesurément affamé (ce qui pousse à manger vite et trop). Puisque les fibres alimentaires (qui font partie de la famille des glucides) ne sont pas digérées complètement par notre corps, elles procurent ainsi moins de calories. Voilà de bonnes raisons de leur accorder une place de choix dans votre alimentation. Cela ne signifie pas manger seulement des grains entiers et dire adieu aux pâtes alimentaires blanches ! Au quotidien, il y a de la place pour les produits entiers et raffinés (mais enrichis), pour autant que les premiers aient la plus grande part.

9

40 MOYENS D'AIDER VOTRE ENFANT

Préférez, la majorité du temps, les produits céréaliers à grains entiers à ceux qui sont raffinés (« blancs »).

Les grains entiers, ce n'est pas tout

Certaines céréales pour le petit-déjeuner destinées aux enfants misent sur le fait d'être composées de grains entiers – d'avoine, en l'occurrence – pour avoir bonne réputation. Or, elles peuvent ne contenir qu'un seul gramme de fibres alimentaires et beaucoup de sucre, ce qui ne vaut pas mieux que les autres céréales « bonbons ». Consultez toujours le tableau de valeur nutritive et recherchez les produits qui respectent les critères suivants (établis par le magazine *Protégez-Vous*). Puisque la taille de la portion suggérée varie d'une sorte de céréales à une autre, j'ai indiqué les critères pour 30 g et 50 g.

Par portion de 30 g :

- au moins 3 g de fibres alimentaires ;
- au plus 5 g de sucres (ou 10 g si elles contiennent des fruits séchés).

Par portion de 50 g :

- au moins 5 g de fibres ;
- au plus 8 g de sucres (ou 17 g avec des fruits séchés).

Entier ou raffiné ?

Seuls les mots « entier » ou « intégral » désignent le blé entier. Les termes « farine de blé », « farine non blanchie » et « farine de blé enrichie » sous-entendent du blé raffiné, donc de valeur nutritive plus pauvre.

DE BONS SUCRES

Vous avez sans doute déjà entendu que le pain, les céréales et les pâtes font engraisser. Peut-être hésitez-vous à les inclure comme aliments de base à votre alimentation ou même à en donner régulièrement à vos enfants. Ôtez-vous ces idées de la tête ! Les produits céréaliers sont essentiels à une bonne santé. Ils regorgent de bons glucides (des sucres) qui procurent l'énergie dont les muscles, le cerveau et tout le reste du corps ont besoin pour bien fonctionner. Les glucides sont ESSENTIELS ! Les enfants en ont besoin pour marcher, jouer et apprendre. Cela dit, il en existe plusieurs types qui n'ont pas tous la même valeur. Le mot « glucides » englobe les :

- *fibres alimentaires :* elles ne sont pas digérées ni absorbées par le corps et ne fournissent donc pas d'énergie (de calories). Leur intérêt est qu'elles procurent une sensation de satiété, régularisent les fonctions intestinales, aident à prévenir la constipation et joueraient même un rôle dans la prévention de certains types de cancer et des maladies cardiovasculaires ;
- *glucides complexes :* appelés aussi « amidons », « féculents » ou « hydrates de carbone », on les trouve notamment dans les produits céréaliers, certains légumes (par exemple la pomme de terre, la patate douce, le maïs et les petits pois), et les légumineuses ;
- *glucides simples :* aussi appelés simplement « sucres », on les trouve, entre autres, dans les légumes, les fruits et leurs jus, le lait, le miel, le sirop, la mélasse, la confiture, les friandises et les boissons gazeuses.

Les termes « simples » et « complexes » ne servent pas à différencier les bons des moins bons glucides. Dans les deux catégories, les sources les plus intéressantes sont celles qui fournissent également une panoplie d'éléments nutritifs. Par exemple, les fruits et les légumes sont de loin supérieurs aux bonbons et aux boissons gazeuses – qu'on surnomme d'ailleurs des aliments à calories vides – même s'ils sont tous des sources de glucides simples.

40 MOYENS D'AIDER VOTRE ENFANT

Limitez les sucreries.

LES GRAS

Dans l'opinion populaire, les gras (ou lipides) ont mauvaise réputation. Pourtant, saviez-vous qu'ils sont nécessaires à la santé ? De fait, les gras permettent au corps d'absorber certaines vitamines et d'autres nutriments ; ils servent de réserve d'énergie, sont essentiels au bon fonctionnement du cerveau et entrent dans la composition de plusieurs hormones, entre autres bienfaits. Ils sont importants pour tout le monde et encore davantage pour les enfants en bas âge (deux ans ou moins), puisque leur cerveau est toujours « en construction » et dépend du gras pour bien se développer. Autre élément : le gras confère de la saveur aux aliments et améliore leur texture. Bref, tant pour la santé que pour le plaisir de manger, il n'est pas souhaitable d'éliminer les gras de notre assiette.

De gros besoins en gras

Un enfant en pleine croissance a des besoins énergétiques élevés et un petit estomac. Il puise une bonne partie des calories nécessaires à son développement dans les gras (qui sont très denses en énergie). Le pourcentage de calories apporté par les matières grasses passe graduellement de 50 % dans la petite enfance à 30 % à la fin de l'adolescence. L'association Les Diététistes du Canada de même que la Société canadienne de pédiatrie et Santé Canada déconseillent l'adoption d'une alimentation faible en gras durant la petite enfance.

Bien qu'une certaine quantité de matières grasses soit nécessaire, il n'y a pas lieu d'ajouter du beurre ou de l'huile à tout ce que nos enfants mangent. Ils peuvent combler leurs besoins en buvant de 500 à 600 ml de lait entier (3,25 % M.G.) par jour et en mangeant régulièrement du yogourt, du fromage, du beurre d'arachide, des œufs et de la viande. C'est notamment pour cette raison qu'on recommande de donner du lait entier aux enfants jusqu'à au moins deux ans et d'éviter de leur donner des produits allégés ou écrémés (à moins d'un avis contraire justifié). À l'âge de deux ans, vous pouvez convertir votre enfant au lait partiellement écrémé (2 %

ou 1 % M.G.), mais, selon son appétit et sa croissance, vous pouvez aussi attendre qu'il ait cinq ans. Progressivement, il pourra adopter les habitudes alimentaires plus modérées en gras du reste de la famille. Le mot clé ici est *modération*, et non pas élimination.

Par ailleurs, il est essentiel de mettre l'accent sur les bons gras, car si la quantité est importante, la qualité l'est encore plus. En fait, le véritable problème n'est pas de manger des gras, mais de manger trop de mauvais gras et pas assez de bons gras.

Les « moins bons » gras

Les gras *saturés* contribuent à augmenter les risques de maladies cardio-vasculaires. Ils proviennent principalement de la viande, de la volaille (surtout dans la peau), du fromage, de la crème, du beurre, ainsi que du yogourt et du lait entiers. Sans en faire une phobie, ces gras devraient être consommés avec parcimonie. Qu'est-ce que cela veut dire ? Simplement de ne pas priver votre enfant d'aliments nourrissants comme les produits laitiers sous prétexte qu'ils sont gras. Le lait entier (3,25 % M.G.), les desserts et le yogourt à base de lait entier doivent faire partie de son menu jusqu'à l'âge de deux ans au moins et parfois jusqu'à cinq ans. Les aliments à limiter sont plutôt les charcuteries, les pâtisseries, les croustilles, les friandises au chocolat, la crème glacée, et autres produits de la sorte.

Les gras *trans* sont les pires pour la santé cardiovasculaire. On les soupçonne aussi de pouvoir contribuer à l'apparition du diabète. Ils se cachent dans le shortening d'huile végétale, dans les margarines hydrogénées et dans une foule d'aliments préparés industriellement : biscuits, craquelins, pâtisseries, beignets, gâteaux et plusieurs aliments frits. Consultez le tableau de valeur nutritive – où leur teneur est indiquée – afin de choisir les produits qui en contiennent le moins, et idéalement aucun. Dans la liste des ingrédients, on détecte leur présence par les mots « partiellement hydrogéné », « hydrogéné » ou « shortening ».

11

40 MOYENS D'AIDER VOTRE ENFANT

Lisez les tableaux de valeur nutritive sur les emballages pour choisir les aliments contenant le moins de gras saturés et de gras trans.

Beaucoup d'*aliments frits* du commerce et des restaurants contiennent des gras trans. En remplaçant l'huile partiellement hydrogénée de leurs produits par de l'huile végétale non hydrogénée, plusieurs restaurateurs et industriels ont réduit ou même éliminé les gras trans. Mais sans gras trans ne veut pas dire sans gras. Les aliments frits demeurent des aliments très riches en lipides et en calories qu'il faut consommer avec modération. Vous croyez que les frites, les croquettes de poulet et les filets de poisson panés que vous achetez à l'épicerie et que vous faites cuire au four sont faibles en gras ? Détrompez-vous. La plupart ont subi une précuisson dans l'huile. Heureusement, certains fabricants offrent désormais ces aliments sans friture, et qui sont jusqu'à dix fois moins gras que les produits « réguliers ». Lisez et comparez les données nutritionnelles des étiquettes avant de les mettre dans votre panier.

12

40 MOYENS D'AIDER VOTRE ENFANT

Limitez les aliments frits et les viandes grasses.

Les « bons » gras

Les gras *monoinsaturés* et *polyinsaturés* n'augmentent pas le taux de « mauvais » cholestérol (LDL) et sont même bénéfiques pour la santé lorsqu'on les consomme modérément. On trouve les gras monoinsaturés entre autres dans l'avocat et dans les huiles d'olive et de canola, et les gras polyinsaturés notamment dans l'huile de soya, de maïs et de tournesol, ainsi que dans les noix et le poisson gras (saumon, sardine, maquereau, etc.). Ces derniers sont également une excellente source de bons gras *oméga-3*.

Dans une moindre mesure, les graines de lin moulues, l'huile de canola, les noix de Grenoble et le chanvre contiennent aussi de ces gras salutaires. Tous les jours, mangez et offrez à vos enfants ces trois types de lipides, notamment dans vos plats cuisinés. Utilisez, par exemple, l'huile d'olive pour la cuisson et les vinaigrettes, et l'huile de canola dans les muffins. Mangez régulièrement du poisson et des noix.

LES CALORIES LIQUIDES

La consommation de jus de fruits, de boissons gazeuses et d'autres boissons sucrées augmente constamment. L'American Institute for Cancer Research estime que les jeunes en boivent deux fois plus qu'à la fin des années 1970. Les enfants en sont d'ailleurs les plus grands consommateurs, et plusieurs experts n'hésitent pas à établir un lien entre ces boissons et le taux de surpoids chez eux. Alors que certaines études n'établissent aucun lien, une recherche menée auprès d'environ 550 enfants américains d'âge scolaire en établit un évident. Selon les résultats publiés dans *Lancet* en 2001, chaque boisson gazeuse consommée au cours des 19 mois qu'a duré le suivi augmentait de 60 % le risque de ces enfants de devenir obèses. Chose certaine, les jeunes en boivent trop, et ne boivent pas assez d'eau. Les calories liquides sont vite avalées, vite digérées et elles rassasient très peu. Puisque notre corps se rassasie moins bien avec des calories « liquides » (fournies par les boissons) qu'avec des calories « solides » (fournies par les aliments), il est facile d'ingurgiter des calories supplémentaires… et parfois excédentaires.

Matière à réflexion

Il se vend au Canada plus de boissons gazeuses que de lait et de jus. Pourtant, il s'agit ni plus ni moins que de bonbons liquides avec, en moyenne, 10 c. à café (10 c. à thé) de sucre par canette (355 ml). Les pires sont celles destinées aux enfants : le soda mousse et le soda à l'orange qui contiennent l'équivalent de 11 c. à café (11 c. à thé) de sucre par canette.

La Société canadienne de pédiatrie recommande de ne pas dépasser 125 à 250 ml de jus par jour. Fixez la limite à 125 ml pour un enfant de six ans ou moins et à 250 ml pour les plus âgés. Du point de vue nutritif, les jus purs à 100 % (sans sucre ajouté) sont de loin préférables aux boissons gazeuses et aux boissons sucrées à saveur de fruits. Cela dit, ils renferment parfois autant de calories et même si ses sucres sont « naturels », ils favorisent la carie dentaire. L'eau est sans conteste la meilleure boisson pour se désaltérer. Encouragez votre enfant à en boire et à manger des fruits frais.

13

40 MOYENS D'AIDER VOTRE ENFANT

Limitez la consommation de jus à un verre (de 125 à 250 ml) par jour.

Plusieurs études scientifiques ont établi un lien entre les boissons gazeuses de type cola et une diminution de la densité osseuse des femmes et des jeunes filles. Ainsi, boire trois canettes ou plus de cola par semaine contribuerait, dans une certaine mesure, à augmenter les risques d'ostéoporose plus tard dans la vie. Quelles substances (caféine, acide phosphorique, autres extraits du cola) de ces boissons gazeuses sont en cause? Cette question n'est pas élucidée. Leur consommation au détriment du lait et leur lien avec une plus faible consommation de fruits et de légumes – des aliments également très importants pour la santé des os – pourraient en partie expliquer ce phénomène. Quant aux colas en version diète, ils ne sont pas la solution non plus puisqu'ils sont aussi pointés du doigt. En attendant les prochaines études, la modération a bien meilleur goût!

14

40 MOYENS D'AIDER VOTRE ENFANT

Ne servez que rarement des boissons gazeuses à votre enfant. Comme option de rechange, mélangez de l'eau gazéifiée à un peu de bon jus. Voici la recette préférée de Félix-Antoine et de Gabriel: 1 part de jus de bleuet pour 3 parts d'eau minérale ou d'eau de source pétillante (par exemple Perrier).

L'eau: la base

Une boisson gazeuse, c'est de l'eau colorée sucrée. Une boisson aux fruits s'en rapproche. Les vrais jus (sans sucre ajouté) sont les meilleurs en termes de vitamines et de minéraux, mais, on l'a vu, il faut tout de même en boire modérément. Voici comment devraient être réparties, idéalement, les boissons dans l'alimentation de votre enfant (et même dans celle des adultes, si l'on ne compte pas le café, le thé et les boissons alcoolisées). La base de la pyramide fait place à la boisson la plus importante et le sommet, aux boissons d'exception. Durant la petite enfance, la consommation de lait supplantera probablement celle de l'eau. Offrez tout de même de l'eau régulièrement à votre petit pour qu'il prenne l'habitude d'en boire.

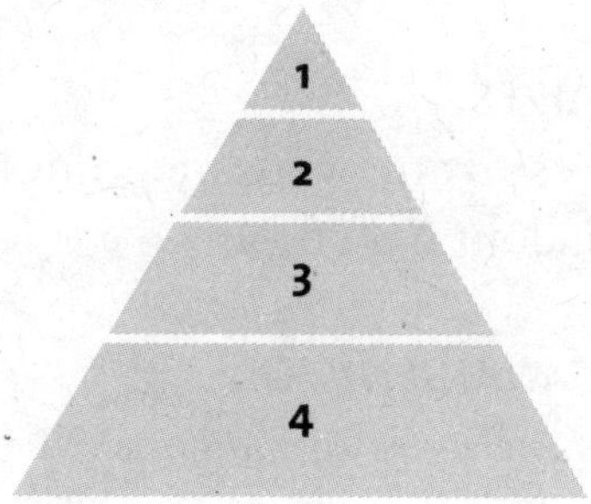

1. Boissons gazeuses ou aux fruits
En boire à l'occasion seulement ; ce sont des « calories vides ».

2. Boissons sportives
Elles ne sont pas nécessaires pour les activités de faible intensité ou durant moins de 60 minutes, mais elles sont moins sucrées que les boissons gazeuses.

3. Jus
Choisir le jus sans sucre ajouté et limiter à un verre par jour, idéalement.

4. Lait partiellement écrémé (ou entier pour un jeune enfant), ou boisson de soya enrichie
En boire de 500 à 600 ml quotidiennement.

EAU
À privilégier pour étancher la soif tout au long de la journée.

Les trucs suivants inciteront votre enfant à boire plus d'eau :

* Gardez en tout temps un pichet d'eau au frigo ;
* Ajoutez à l'eau des tranches de lime, de citron ou d'orange ;
* Donnez à l'enfant une paille amusante pour boire son eau ;
* Versez l'eau dans un verre rigolo ou à l'effigie de princesses, de personnages comme Spiderman ou autres ;

* Achetez à l'enfant une bouteille particulière (du genre « Nalgene » ou une gourde de sport) « à lui seul ». Il y en a maintenant de plusieurs couleurs et avec des dessins originaux.

15 **40 MOYENS D'AIDER VOTRE ENFANT**

Faites de l'eau votre boisson n° 1.

DIVERS PLANS ALIMENTAIRES

Les conseils alimentaires suivants vous aideront à fournir à votre enfant l'alimentation équilibrée dont il a besoin.

LE *GUIDE ALIMENTAIRE CANADIEN*

L'arc-en-ciel du *Guide alimentaire canadien* n'est pas là simplement pour mettre de la couleur dans le document de Santé Canada. Il permet notamment d'illustrer l'importance relative – en nombre de portions – que devraient prendre les différents groupes dans le cadre d'une saine alimentation. Le plus grand arc est celui des légumes et des fruits, parce qu'ils contribuent pour une grande part à la santé de chacun et aident à prévenir plusieurs maladies chroniques. Suivent les produits céréaliers, essentiels notamment grâce à leurs bons glucides, le carburant principal des muscles et du cerveau. Puis viennent le lait et ses substituts, et finalement les viandes et leurs substituts, que Santé Canada recommande en quantités modérées. Le nom « viande » est à l'avant-plan, mais le poisson, les légumineuses et le tofu, notamment, devraient figurer plus souvent au menu. (Voir les recommandations et les exemples de portions du *Guide alimentaire canadien* à l'annexe 3.)

Qui se ressemble s'assemble

Pour rassembler les aliments dans un même groupe du *Guide alimentaire canadien*, on s'est basé sur leur ressemblance au point de vue nutritionnel (et botanique dans le cas des légumes). Par exemple, les aliments qui font partie du groupe des viandes et de leurs substituts sont riches en protéines, alors que ceux des produits céréaliers sont riches en glucides. Mais il ne suffit pas de manger un aliment de chaque groupe pour se maintenir en santé. Chaque aliment à l'intérieur d'un même groupe, en raison de sa composition en vitamines, en minéraux et autres nutriments, est unique.

Le *Guide* actuel propose des quantités et des types d'aliments dans le but de répondre adéquatement aux besoins quotidiens en calories, en glucides, en protéines, en gras, en vitamines, en minéraux, etc., de la population en général. Contrairement au *Guide alimentaire* précédent, la version de février 2007 émet des recommandations en fonction de l'âge et du sexe. Ainsi, vous n'avez pas à essayer de deviner où se situent vos besoins entre les cinq et dix portions de légumes et de fruits : le *Guide* précise ce qu'il en est pour les jeunes garçons, les jeunes filles, les adolescents, les adolescentes et ainsi de suite pour les adultes jusqu'à l'âge d'or.

Pour parvenir à suivre les recommandations sans se compliquer la vie, il suffit, *grosso modo*, d'inclure un aliment de chaque groupe (ou d'au moins trois groupes) à chaque repas, en veillant à ce que celui des légumes et des fruits soit toujours représenté. C'est de cette façon qu'on applique le principe d'équilibre. Reste celui de la variété qui s'applique aisément quand on choisit des aliments différents dans chacun des groupes tout au long de la journée.

Les aliments d'occasion ou d'exception

Les aliments des quatre groupes de base sont les aliments du quotidien. Le *Guide alimentaire canadien* laisse aussi la place à des aliments moins nutritifs : gâteaux, pâtisseries, frites, repas-minute, friandises, sirop et compagnie. Ces produits ne sont pas essentiels à la santé et ils ne doivent pas prendre la place des aliments ayant une bonne valeur nutritive. Cela dit, ils peuvent être une source de plaisir et, pour cette raison, on peut en manger occasionnellement… ou exceptionnellement ! L'important, c'est qu'ils ne nuisent pas à la qualité générale de l'alimentation. C'est ici que la modération prend tout son sens.

L'assiette santé

Une manière facile de manger de façon équilibrée consiste à inclure des fruits ou des légumes à chaque repas, de même qu'un féculent (pain, riz, pomme de terre, patate douce, etc.), puis d'ajouter un produit laitier, une viande ou un de ses substituts. Pour les adultes, beaucoup de nutritionnistes, dont celles du Groupe Harmonie Santé, recommandent de diviser ainsi l'assiette : la moitié de légumes (ou de fruits au petit-déjeuner), un quart de féculents et un quart de viande et de substituts (ou de produits laitiers, pour les protéines). Ce modèle convient aussi à plusieurs enfants. Pour les enfants dont les besoins énergétiques sont relativement plus élevés mais dont l'appétit est petit, il peut être plus adapté de diviser l'assiette en trois tiers : un tiers de fruits ou de légumes, un tiers de féculents et un tiers d'aliments protéinés. Quelle doit être la quantité d'aliments ? Voyez la section « Les portions » au chapitre 7 pour tous les détails. N'oubliez pas qu'il ne s'agit que de portions suggérées. Vous pouvez nourrir vos enfants en suivant ce guide, sans les obliger à tout finir, puis les laisser se servir à nouveaux de certains aliments, au besoin.

À noter que bien des enfants préfèrent voir les aliments séparément dans leur assiette. Cela dit, l'assiette santé peut aussi prendre la forme d'un repas « tout en un » – pâté chinois, sauté de légumes et viande sur riz, mets en casserole, soupe, etc. – lorsqu'on respecte les mêmes proportions.

Manger beaucoup sans compter

Une assiette bien garnie n'est pas toujours synonyme de beaucoup de calories. Il y a même un concept qui ravit à la fois la panse et les yeux ! Il s'agit de la densité énergétique, c'est-à-dire le nombre de calories fournies par un aliment en fonction de son poids. L'ingrédient le plus avantageux pour avoir des aliments de faible densité énergétique est l'eau. En effet, l'eau augmente le poids et le volume des aliments, sans toutefois augmenter leur teneur en calories. Pour être efficace, cette eau doit être contenue dans les aliments – et pas simplement bue –, car elle est ainsi évacuée moins rapidement de l'estomac et a plus d'effet sur la satiété.

Les championnes des « calories diluées » sont sans contredit les fruits et les légumes, qui renferment en moyenne 90 % d'eau. À l'opposé, les aliments secs ou riches en gras sont très concentrés en calories. Voici quelques exemples d'aliments à densité énergétique très faible, faible, moyenne, élevée ou très élevée. Pour les enfants (et les parents) qui accumulent facilement les kilos, privilégiez surtout les aliments des deux premières catégories et allez-y mollo sur ceux des deux dernières. Pour les petits appétits, les petits gabarits et vos grands ados qui « n'ont pas de fond », les aliments à densité énergétique moyenne à très élevée sont utiles à condition d'opter pour les plus nourrissants (plutôt que ceux à « calories vides »).

Très faible

* Concombre, courgette, laitue Boston, céleri ;
* Radis, épinard, tomate, asperge, champignon, chou-fleur ;
* Navet, courge spaghetti, aubergine, brocoli, poivron, haricot vert ou jaune ;
* Pamplemousse, fraise, melon d'eau, cantaloup ;
* Chou de Bruxelles, pois mange-tout, carotte ;
* Ananas, orange, framboise, poire, pomme ;
* Soupes et potages (à base de bouillon et de lait, sans crème).

Faible

* Gruau (préparé avec de l'eau ou du lait écrémé) ;
* Yogourt nature, fromage cottage (1 ou 2 % M.G.) ;
* Litchi, mangue, raisin, maïs, banane, patate douce, pomme de terre ;
* Tofu ;
* Crevette, poisson blanc (par exemple aiglefin, sole) ;
* Riz sauvage et brun, pâtes alimentaires de blé entier (leur densité énergétique est plus faible que les pâtes et le riz blancs) ;
* Lentilles, fèves rouges, pois chiches et autres légumineuses ;
* Thon pâle (conservé dans l'eau), jambon extra-maigre.

Moyenne

* Œuf, poulet, surlonge de bœuf (parée), saumon, filet de porc ;
* Muffin anglais, pain, bagel ;
* Fromage mozzarella ;
* Crème glacée ;
* Pizza.

Élevée

* Frites ;
* Saucisse fumée (« hot-dog ») ;
* Gâteau au fromage ;
* Côtes levées de porc.

Très élevée

* Fromage cheddar, gruyère ;
* Amande, arachide, beurre d'arachide ;
* Croissant au beurre ;
* Salami de porc sec, bacon ;
* Oignon pané et frit ;
* Tarte aux pacanes, beignet, gâteau avec glaçage, biscuit aux pépites de chocolat ou du genre Oreo ;
* Tartinade noisette et chocolat (de type Nutella) ;
* Tablette de chocolat ;
* Croustilles ;
* Beurre, huile, mayonnaise, sauce à salade.

Chapitre 6

L'ACTE DE MANGER : L'INNÉ ET L'ACQUIS

FAIM… ET PLUS FAIM

La meilleure façon de répondre aux besoins en énergie de notre corps est de l'écouter. Le corps nous envoie en effet des signaux de faim et de satiété qui devraient nous guider pour savoir quand manger et quand cesser de manger. Ce système de régulation est inné. Malheureusement, en vieillissant, on perd parfois l'habitude de s'y fier, en s'en remettant plutôt aux diktats des régimes ou à divers stimuli. Même s'il est possible de réapprendre à manger à sa « vraie » faim, l'idéal est de ne jamais en perdre l'habitude. En ce sens, ayez confiance en votre enfant et en sa capacité d'être à l'écoute de ses besoins. Selon son âge, vous pouvez lui faire prendre conscience de ses diverses sensations.

Voici comment le groupe d'action sur le poids ÉquiLibre enseigne à distinguer la vraie faim de la fausse faim. Vous pouvez vous servir de ces repères pour discuter avec votre enfant, s'il est assez grand pour comprendre.

LES REPÈRES POUR DISTINGUER LA VRAIE FAIM

QUELLE FAIM ?	VRAIE	FAUSSE
C'est un besoin…	physiologique	psychologique
Elle est stimulée…	quelque temps après un repas, alors que les aliments ont quitté l'estomac et que le cerveau commence à manquer de sucre.	par divers facteurs et par les sens. Par exemple : l'odeur, la vue, la pensée ou la publicité d'un aliment apprécié ou encore le stress, la solitude, l'ennui, etc. C'est une force qui nous pousse à manger même si notre corps ne réclame rien.

Comment la reconnaître ?	Elle se manifeste graduellement par des gargouillis, une sensation de vide ou de petites crampes dans l'estomac, une baisse d'énergie, des faiblesses, des difficultés de concentration, de l'irritabilité, etc. Elle est calmée par l'ingestion de n'importe quoi (ou presque).	Elle se manifeste soudainement par l'envie de manger un aliment bien précis et rien d'autre...

Notre corps ne nous dicte pas seulement quand manger, il nous aide aussi à savoir quand arrêter de manger. Par un mécanisme assez complexe, il évalue ce qui est mangé et nous informe que c'est suffisant par divers signaux :

* On sent un regain d'énergie ;
* On a une sensation de ventre plein (avant d'être trop plein ou de ressentir de l'inconfort) ;
* On trouve les aliments moins savoureux.

Voici quelques conditions qui favorisent l'écoute des signaux de faim et de satiété :

* Manger lentement et bien mastiquer. Quand nous mangeons trop vite, notre corps n'a pas le temps de nous dire qu'il en a assez, ce qui fait que nous mangeons des aliments en quantité supérieure à nos besoins ;
* Manger, point. Se concentrer sur son assiette sans avoir les yeux rivés sur le petit écran, le nez dans un livre (ou sur la boîte de céréales !) ou la tête aux leçons ;
* Se poser la question : « Est-ce que j'ai encore faim ? » en cours de repas. Ne pas manger par automatisme, sans s'écouter. Se donner le droit de laisser des aliments dans son assiette.

16

40 MOYENS D'AIDER VOTRE ENFANT

Enseignez à votre enfant à prendre son temps pour manger (et donnez-lui l'exemple).

Voici une échelle pour graduer la faim et la satiété. L'idéal est de voyager entre les sensations 2 et 4 :

0. Si je ne mange pas bientôt, je vais tomber dans les pommes !
1. Je meurs de faim !
2. **J'ai faim.**
3. **J'ai un p'tit creux.**
4. **C'est bon, je suis satisfait.**
5. Je suis plein.
6. Je suis trop plein.
7. Je ne me sens pas bien. Je vais exploser !

17

40 MOYENS D'AIDER VOTRE ENFANT

Aidez votre enfant à prendre conscience de ses signaux de faim et de satiété.

VOTRE ENFANT ET VOUS : UNE ÉQUIPE

Ellyn Satter est nutritionniste et psychothérapeute experte en alimentation de l'enfant. On lui doit la « division des responsabilités », principe qu'elle met en pratique depuis plus de 35 ans, et auquel adhèrent un grand nombre de nutritionnistes. Ce principe se résume comme suit : les parents décident des horaires, des lieux et du contenu des repas (quand, où et quoi), alors que les enfants contrôlent les quantités (combien)… même si « combien » rime parfois avec « rien » ! Les menaces et les chicanes n'ont pas leur place dans cette méthode. L'enjeu : des repas agréables, des enfants qui mangent en fonction de leurs besoins et qui sont plus ouverts aux découvertes.

La division des responsabilités, en pratique…

Voici comment cette division des responsabilités peut se vivre au quotidien.

Vous décidez du menu

Votre enfant devrait trouver son compte dans un repas qui comprend quelques aliments différents. Incluez au moins un aliment nourrissant qu'il apprécie, par exemple du fromage ou du pain. Évitez de façonner

– pour ne pas dire limiter – le menu en fonction de ses préférences. Évidemment, rien ne vous empêche d'offrir régulièrement au menu son mets préféré. Toutefois, l'enfant doit s'adapter aux aliments que mange la famille. C'est ainsi qu'il élargira progressivement son répertoire alimentaire.

Vous décidez des horaires

Établissez les repas et les collations à heures régulières. Cela procurera à votre enfant un sentiment de sécurité puisqu'il apprendra que des aliments lui seront offerts avant longtemps. De même, il doit apprendre qu'il y a des heures pour manger, qu'on n'ouvre pas le réfrigérateur ou le garde-manger à tout moment, et encore moins pour manger n'importe quoi.

Vous décidez du lieu

Le repas et les collations à la maison devraient se prendre dans la cuisine, assis autour de la table. Bien sûr, vous pouvez faire exception pour les petits-déjeuners au lit ! Votre enfant doit apprendre qu'on ne mange pas n'importe où, ni n'importe quand, ni devant la télévision. Qui plus est, le fait de vous rassembler autour d'une même table est le point de départ d'un repas de famille bon pour la santé physique et mentale (voir le chapitre 3).

L'enfant décide de la quantité qu'il mange

L'appétit de votre enfant varie pour s'ajuster à ses besoins. Une journée, il peut laisser des aliments dans son assiette et le lendemain, en redemander. S'il dit qu'il n'a pas faim, n'insistez pas. Invitez-le tout de même à s'asseoir avec vous pendant le repas (au moins quelques minutes). S'il ne mange pas, résistez ensuite à l'envie de lui servir quelque chose à manger aussitôt qu'il le demande – ce qui peut être à peine 30 minutes après le repas pour lequel il n'avait pourtant pas faim… Il y a une collation prévue bientôt, il n'a qu'à attendre. En ce qui concerne le dessert, toutefois, ne lui laissez pas le contrôle de la quantité. Votre enfant peut évidemment décider de ne pas tout le manger, mais mieux vaut instaurer la règle « d'une portion de dessert maximum » afin d'éviter qu'il s'en nourrisse.

Les enfants dont les parents exercent un fort contrôle sur leur alimentation ont tendance à manger davantage. En effet, puisqu'ils se font dicter quoi et quelle quantité manger lorsqu'ils sont à table, ils peuvent avoir tendance à manger en dehors des repas, lorsqu'ils sont seuls, alors qu'ils exercent librement leur choix. Donc, s'il y a deux choses à retenir – et surtout à appliquer –, c'est ceci :

- Encadrer plutôt que contrôler ;
- Nourrir son enfant, c'est lui procurer des aliments, pas les restreindre.

Évidemment, on ne traite pas les enfants de tous âges sur le même pied. Chaque étape de leur vie est marquée par des aptitudes, par un niveau de compréhension et par des besoins différents. Les pages qui suivent abordent les particularités propres à divers stades de développement.

Matière à réflexion

Ne forcez pas votre enfant à finir son assiette ; mieux vaut perdre des aliments que de gagner du poids.

VOTRE BÉBÉ

Commençons par examiner ce qui est inné chez votre tout-petit et ce que vous pouvez faire pour lui.

L'instinct

Votre bébé est bien « programmé ». Il a en lui le mécanisme d'apprentissage et les réflexes pour apprendre à s'asseoir, à ramper, à marcher, à parler, et plus encore. De même, il naît avec la capacité de boire et de manger en fonction de ses besoins et de son développement personnel. Votre rôle est de lui fournir ce dont il a besoin, sans contrôler ni interférer dans ses signaux de faim et de satiété qui lui sont innés. N'établissez pas d'horaire rigide. Permettez-lui plutôt de manger quand il a faim. Pour cela, soyez attentif aux indices qu'il vous donne : il tourne la tête vers votre main quand vous lui caressez la joue, il tète sa main, et ainsi de suite.

Évitez de le réveiller pour le faire boire (sauf dans certains cas particuliers, si l'enfant est malade, par exemple) ; il ne se laissera pas mourir de faim, soyez-en certain. Évitez également de l'endormir systématiquement au sein ou à la bouteille et n'utilisez pas ce moyen pour le calmer. Il pourrait en venir à croire que manger est nécessaire pour se calmer ou s'endormir. Après le boire, prenez quelques instants avec lui. Puis, quand il montre des signes de fatigue (vous êtes le mieux placé pour les reconnaître), mettez-le au lit et laissez-le trouver le sommeil seul.

Voici cinq règles d'or avec votre bébé :

1. Faites-lui confiance pour les quantités à manger.
2. Comprenez et respectez son rythme de sommeil.
3. Soyez disposé à le nourrir sur demande.
4. Connaissez et respectez les signes qu'il manifeste quand il a faim ou lorsqu'il est rassasié, afin qu'il n'ait pas besoin de pleurer ou de se fâcher pour se faire comprendre.
5. Nourrissez-le quand il est calme, mais bien réveillé.

Le sein vs la bouteille

Des études scientifiques suggèrent que l'allaitement, partiel ou exclusif, pourrait aider à réduire jusqu'à 20 % les risques d'embonpoint et d'obésité infantiles. Cette affirmation ne fait toutefois pas l'unanimité, puisque d'autres chercheurs n'ont constaté aucune différence. Chose certaine, l'allaitement ne nuit pas. Ses possibles avantages sur le biberon ont trait à la composition du lait, ainsi qu'à la manière même de nourrir l'enfant, puisqu'elle influencerait directement la quantité ingurgitée. En effet, avec une bouteille, il est possible de voir quel volume boit l'enfant et il est aussi possible que la maman encourage son bébé à vider le contenu. La maman qui allaite ne peut pas vérifier ainsi les quantités et respecterait naturellement le réflexe de son bébé à écouter ses signaux internes de faim et de satiété. Pour ce qui est du lait maternel, il contient une hormone – la leptine – responsable de régulariser la composition corporelle en gras, et avantagerait ainsi les bébés qui en reçoivent à la tétée.

Mille et une saveurs

Dans un autre ordre d'idée, les bébés nourris au sein sont exposés à une plus grande variété de saveurs que ceux nourris à la bouteille. En effet, le goût du lait maternel est influencé par ce que mange la maman et est donc différent de boire en boire. Au contraire, les préparations pour nourrissons offrent la même saveur à chaque bouteille. Le phénomène n'est pas encore très étudié, mais certaines recherches démontrent que l'expérience « multisaveurs » qu'offre l'allaitement pourrait faciliter l'acceptation des nouveaux aliments le moment venu. Ce qui est mieux démontré, c'est que l'exposition à une grande variété de saveurs dans la petite enfance facilite l'ouverture et l'acceptation de nouveaux aliments ultérieurement.

De la tétée aux premières bouchées

J'ai allaité mon premier bébé – une jolie petite fille aux joues rondes et appétissantes – exclusivement jusqu'à six mois. J'étais pourtant impatiente de lui faire découvrir d'autres saveurs et textures. Elle n'était pas aussi pressée… À la fin de son premier « repas » (tout au plus une cuillerée à thé de céréales), il y en avait plus sur son menton que dans son estomac. À la fin du deuxième et du troisième repas aussi. Petit à petit, elle s'est mise à savoir quoi faire de cette nourriture, à ouvrir la bouche à la simple vue de la cuillère qui s'approchait, à agiter ses pieds dans la hâte de la prochaine bouchée, puis à exprimer des petits « humm » de satisfaction. Mais ce n'était pas gagné ; chaque nouveau légume (ou presque) a eu droit à sa grimace ! Ma fille a fini par les aimer tous… jusqu'à ce que les purées lisses commencent à contenir de petits morceaux. « Maman, qu'est-ce que je fais avec ça ? » semblait-elle me demander ! Même chose pour la viande, le poisson et les légumineuses dont elle appréciait moins la texture.

C'est ainsi – deux pas en avant, un pas en arrière – que sa découverte des aliments et l'apprentissage du « manger solide » se sont passés. Mon enthousiasme du départ a fait place à un réalisme presque décevant. Mais j'ai compris l'étape cruciale que cette transition constituait et l'importance qu'elle se déroule positivement. Je n'ai jamais forcé Laura à manger, je ne lui ai jamais joué de tour en la faisant rire pour mieux lui rentrer la cuillère dans la bouche ; j'ai respecté ses « non » quand elle tournait la tête une fois rassasiée ou tenait sa bouche fermée pour exprimer que le poisson, ce serait pour une autre fois. Laura est encore petite, mais elle a une ouverture aux aliments incroyable. Sa découverte des saveurs est une aventure agréable pour toute la famille. Jusqu'à présent, ses repas ont toujours été pris dans un climat détendu. Je sais que je devrai parfois m'armer de patience, mais je ferai de mon mieux pour qu'il en soit toujours ainsi.

« Papabe seul »

Très tôt dans leur développement, les enfants manifestent le désir de faire les choses par eux-mêmes. Ils apprennent à devenir indépendants. Permettez donc à votre petit de prendre des aliments dans ses mains, de tenir son gobelet, de manipuler (tant bien que mal) sa cuillère, et ainsi de suite. Coupez les aliments en petits morceaux et déposez-les sur la tablette de sa chaise haute ou dans un bol devant lui. Continuez de le laisser décider des quantités d'aliments qu'il mangera. Cela fluctuera d'une journée à l'autre, mais s'ajustera à ses besoins.

VOTRE ENFANT D'ÂGE PRÉSCOLAIRE

Notre bébé est le centre de notre univers. Dès qu'il a faim, on abandonne tout pour le nourrir. En grandissant toutefois, il doit apprendre à se conformer aux habitudes de la maisonnée. Vous lui apprendrez à attendre un peu lorsqu'il a faim et à bien se comporter à table. Progressivement, il apprendra qu'il n'est plus le roi...

À deux ou trois ans, l'enfant déborde d'énergie et de curiosité, mais il manque de jugement. Il utilise le « non » – et en abuse parfois –, car c'est une façon de contrôler ce qui se passe. Votre rôle est donc d'établir des règles, de fixer certaines limites tout en lui laissant de l'autonomie : être autoritaire mais non contrôlant, et lui laisser de l'autonomie sans le laisser à lui-même. Beau défi ! Comment cela se concrétise-t-il ? Simplement en appliquant le principe de division des responsabilités (voir à la page 87).

Entre trois et cinq ans, l'enfant comprend et assimile les règlements et peut agir de façon réfléchie. Il est aussi plus accommodant. Alors qu'à un ou deux ans il répond à la pression par la résistance, à trois ou quatre ans, il s'y soumet plus aisément. Autrement dit, il pourrait se mettre à manger au-delà de sa faim si on l'y forçait (et en conséquence prendre du poids). Il est donc doublement important de le laisser maître des quantités d'aliments qu'il ingère et de lui faire confiance. Continuez d'appliquer les principes de la division des responsabilités. Si vous lui avez toujours laissé une marge de manœuvre et qu'il se sent respecté, la suite devrait bien se passer.

Apprécier des aliments, ça s'apprend

Aimer les saveurs sucrées et salées est inné. Apprécier l'amer et l'acide découle d'un apprentissage. Il est naturel pour un enfant de d'abord rejeter un aliment méconnu – on appelle cela la « néophobie » –, puis de l'apprivoiser à son rythme. C'est comme un réflexe de protection. Et puis, il faut savoir que les capteurs sensoriels dans la bouche des petits sont plus nombreux et plus sensibles que ceux des adultes et que leurs expériences gustatives sont ainsi beaucoup plus intenses que les nôtres. Les textures aussi peuvent constituer un obstacle. Les petits n'ont pas la même capacité de mastication que les adultes et préfèrent les aliments mous plutôt que croquants, fibreux ou granuleux.

Tout cela pris en compte, on comprend plus facilement que l'enfant commence par regarder le nouvel aliment sans y goûter, puis qu'il y goûte… sans l'avaler ! Une autre fois, il l'avalera mais n'en prendra pas une deuxième bouchée. Petit à petit, il finira par en manger « pour vrai ». Il faudra peut-être 10, 12 ou même 15 repas avant qu'il daigne goûter « l'intrus » et quelques-uns de plus avant qu'il l'apprécie. Gardez courage et ne perdez surtout pas l'habitude de présenter de nouveaux aliments à votre enfant, car il est démontré que c'est à force de contacts répétés avec la « chose » qu'il finira par l'accepter.

Toutefois, il ne suffit pas de n'importe quel contact. Le contexte dans lequel se fait l'expérience est très important ; il doit être positif. En tant que parent, vous devez vous contenter de présenter, de proposer, sans jamais forcer. Surtout, rappelez-vous que vous êtes un modèle. Le meilleur moyen de faire aimer les légumes (ou quoi que ce soit d'autre) à votre progéniture est de vous en délecter vous-même. Une autre astuce, proposée par mes collègues Marie Breton et Isabelle Émond, consiste à mentionner à votre chérubin que les asperges, les crevettes – ou ce qui fait votre affaire ! – sont des « aliments de grands ». Intérêt décuplé, garanti !

18

40 MOYENS D'AIDER VOTRE ENFANT

Enseignez – en donnant l'exemple – de saines habitudes alimentaires à votre enfant dès son plus jeune âge.

Un seul menu

Pour élargir la « palette alimentaire » de votre enfant, on a vu l'importance de lui proposer régulièrement de la nouveauté. Cela dit, prévoyez des repas qui combinent à la fois des aliments méconnus et d'autres qu'il apprécie afin qu'il puisse y trouver son compte. Toutefois, cela ne veut pas dire lui préparer des rôties ou élaborer un second menu. Cette habitude encouragerait son attitude réfractaire. Si l'aliment spécial est une viande, incluez, par exemple, un légume et des pâtes ou du pain avec lesquels il pourra se rassasier. Il finira par goûter à tout.

Si vous préparez des petits plats sur demande pour plaire à tout le monde, vous achetez peut-être la paix à court terme, mais à long terme, cette habitude minera les repas familiaux. Les jeunes enfants qui n'ont ni guide ni limites deviennent de plus en plus exigeants et difficiles. Leur négativité face à la nourriture nuit à l'écoute de leurs signaux de faim et de satiété parce que leur attention est concentrée à chercher un motif pour rouspéter.

Trop vouloir…

En tant que parents, nous voulons que nos enfants mangent bien et qu'ils soient en santé, mais insister n'est pas la solution. D'ailleurs, les enfants résistent davantage quand on insiste. Ils aiment sentir qu'ils ont un certain contrôle. Exercer une pression (que ce soit forcer ou restreindre) engendre souvent des résultats contraires à ceux escomptés. C'est vrai même avec les tout-petits. Gardez en tête la division des responsabilités : vous décidez de ce qu'il y a sur la table et votre enfant décide de ce qu'il y a dans sa bouche… Laissez-lui la possibilité de ne pas tout aimer du premier coup. C'est normal qu'il ait certaines réticences. Cette attitude aidera à établir un climat de confiance et de respect mutuel.

19

40 MOYENS D'AIDER VOTRE ENFANT

Établissez un horaire régulier de repas et de collations.

Une boîte à surprise

Un enfant est imprévisible… et parfois difficile à suivre. Il peut soudainement refuser un mets qu'il mangeait la semaine auparavant, il peut manger comme un oiseau une journée et comme un ogre le lendemain, il peut même dire non à un dessert ! Comment composer avec votre girouette ? Comment trouver le juste milieu entre le parent contrôlant et le parent trop permissif ? Éviter de tout contrôler ne veut pas dire laisser votre enfant vous contrôler. Deux aspects de votre rôle sont extrêmement importants : structure et soutien. Le tableau suivant résume quoi faire ou ne pas faire à ce propos.

STRUCTURE ET SOUTIEN : À FAIRE ET À ÉVITER

À FAIRE	À ÉVITER
Établir un horaire de repas et de collations.	Donner à manger à votre enfant chaque fois qu'il vous le demande.
Exiger un comportement acceptable à la table.	Tolérer que votre enfant soit turbulent ou impoli à table.
Offrir une variété d'aliments au repas, y compris des aliments moins coutumiers de temps à autre.	Obliger votre enfant à manger. Préparer un repas spécial pour lui parce qu'il n'aime pas le mets au menu.

VOTRE ENFANT D'ÂGE SCOLAIRE

Si tout va bien, votre enfant a appris à bien se comporter à table, à être à l'écoute de ses signaux internes, à essayer de nouveaux aliments et à se conformer aux horaires de repas de la famille. Dans le cas contraire, tout n'est pas perdu. Maintenant qu'il va à l'école, une nouvelle dimension s'ajoute : il doit prendre des décisions. Il doit en effet choisir son repas à partir du menu de la cafétéria scolaire ; opter pour une collation parmi celles disponibles à la maison à son retour de l'école et décider du moment pour la manger ; choisir, avec votre aide, ce qu'il veut au restaurant, au dépanneur, entre autres endroits. Il n'a plus toujours un adulte à ses côtés.

Gérer son pouvoir

Ce nouveau pouvoir n'est pas un problème si vous avez toujours fait confiance à votre enfant, fourni un bon encadrement et montré l'exemple. Il ne se mettra pas à manger deux fois plus. N'attendez toutefois pas de lui qu'il fasse toujours des choix équilibrés. Par contre, si vous aviez une quelconque tactique pour contrôler ou restreindre ce qu'il mangeait, il peut vouloir profiter de sa nouvelle « liberté ». Vous optez pour la boîte à lunch plutôt que pour la cafétéria ? Qu'à cela ne tienne, il pourra l'échanger avec un copain !

Cette réaction de défiance des enfants qu'on a voulu contrôler est normale. L'heure du repas était comme un combat et ils ont gardé le réflexe de « batailler ». Pour renverser la vapeur, ne jouez pas à leur jeu. Demandez-leur plutôt pour quelle raison ils agissent ainsi : est-ce pour vous défier ou se venger, ou parce qu'ils ont vraiment faim ? Vous savez, il n'est jamais trop tard pour bien faire. Il n'est jamais trop tard pour appliquer le principe de division des responsabilités, malgré quelques exceptions et quelques bémols avec certains enfants obèses. Mais pour bien l'appliquer, il faut y croire et, surtout, croire en votre enfant. Il réagira probablement à cette méthode en mangeant beaucoup. Cela durera quelques jours ou quelques semaines, mais il réalisera que vous êtes sincère et qu'il aura cette possibilité de pouvoir manger à satiété encore et encore. Reconnaissez que vous avez eu tort et discutez avec lui de votre nouvelle approche.

Non au contrôle, oui aux limites

N'essayez pas de contrôler votre enfant, même subtilement. Évitez aussi d'avoir des « intentions de contrôle » du genre : limiter le menu à des aliments faibles en gras, en sucre et en calories pour ne pas qu'il mange trop ; garder le beurre, la vinaigrette ou la sauce hors de sa portée ; vouloir absolument être à la maison à son retour de l'école dans le seul but de superviser la collation. Au contraire, laissez votre enfant manger à sa faim et se servir une deuxième portion au besoin et offrez-lui des aliments-gâteries de temps en temps.

Cela dit, il importe d'établir une structure et des limites. On mange une portion de dessert, pas plus. La cuisine n'est pas un buffet à volonté ouvert toute la journée ! Établissez clairement les horaires de repas et de collations – de façon que sa collation ne gâche pas son repas – tout en le laissant libre de choisir la collation qu'il désire (parmi quelques choix préétablis) à son retour de l'école. De même, ne le laissez pas boire du jus, du lait, ou toute autre boisson – à part l'eau – n'importe quand.

Devenir grand... et conscient

Votre enfant sait intuitivement quelle quantité manger. Maintenant qu'il est en mesure de raisonner, il gagnera à prendre conscience de cette aptitude et à bien la comprendre, car tôt ou tard il sera en présence d'enfants qui suivent un régime. En étant conscient de sa capacité à gérer son alimentation naturellement, les restrictions imposées par les régimes ne l'intéresseront pas. Pour l'aider à comprendre comment il peut régulariser son apport alimentaire, posez-lui quelques questions :

- Comment sais-tu quelle quantité tu dois manger ?
- Comment sais-tu que tu as assez mangé et comment te sens-tu ?
- Comment sais-tu que tu as faim ?
- T'arrive-t-il de te sentir trop « plein » ?
- T'arrive-t-il de ne pas manger assez et d'avoir encore faim après le repas ?

Reportez-vous à la section « Faim... et plus faim » au tout début du présent chapitre (page 85) pour en discuter avec lui.

De même, parlez avec votre enfant de son ouverture à la nouveauté. Expliquez-lui qu'il est normal de ne pas tout aimer, mais qu'il faut tout de même avoir de bonnes manières quand c'est le cas. On reste calme devant un nouvel aliment. On peut refuser d'y goûter, mais on le fait poliment (« non, merci »). On peut choisir de goûter une toute petite bouchée pour se faire une idée. Certains spécialistes suggèrent même de donner l'occasion à l'enfant de recracher discrètement l'aliment dans une serviette de table s'il n'aime vraiment pas ça, puisque cette option peut l'encourager à expérimenter davantage que s'il est contraint d'avaler. Il ne doit pas voir les essais qu'il fait comme des risques potentiels. Cela dit, vous êtes la personne la mieux placée pour savoir comment votre enfant userait de cette option, et donc s'il convient de la lui présenter.

20

40 MOYENS D'AIDER VOTRE ENFANT

Laissez-le écouter – ou aidez-le à retrouver – ses signaux internes de faim et de satiété.

Un apprentissage à son niveau

Contrairement à l'enfant d'âge préscolaire, qui fait des choses pour le pur plaisir, le jeune d'âge scolaire veut apprendre, maîtriser et qu'on lui confie des responsabilités. Si ce n'est déjà fait, il est temps de l'initier aux activités entourant les repas : l'amener faire des courses, lui faire mesurer et mélanger des ingrédients, le laisser casser des œufs, notamment. Expliquez-lui d'où proviennent les aliments... avant leur arrivée à l'épicerie ! Cela peut sembler anodin, mais montrez-lui de quoi a l'air une pomme de terre avant d'être en purée, de la viande hachée avant d'être un hamburger, des flocons d'avoine avant d'être un bol de gruau, et ainsi de suite. Montrez-lui tout ce qu'on peut faire avec de la farine ou des œufs. Préparez des repas d'origine ethnique différente en lui parlant de cette culture.

Toutefois, sachez que votre enfant n'est pas prêt pour les leçons de nutrition. En fait, il peut comprendre (et même retenir par cœur) qu'un aliment est riche en fibres, qu'un autre est une source de vitamine C et qu'un autre encore contient des gras trans, mais ces notions restent abstraites pour lui. Il n'a pas la maturité pour les traduire en actions et encore moins pour les appliquer avec discernement. Mais ce n'est pas grave, puisque choisir les aliments pour la famille est toujours sous votre responsabilité. Ce n'est pas évident pour un adulte de différencier les bons gras des mauvais gras, d'appliquer le principe de variété ou de se faire une idée sur un sujet quand il en entend parler aux nouvelles, alors imaginez pour un enfant ! Commencez par l'initier aux découvertes et au plaisir des aliments, la théorie viendra bien assez vite. Au fur et à mesure qu'il vieillit, amenez-le à comprendre vos choix à l'épicerie, par exemple que vous choisissez ce jus parce qu'il n'y a pas de sucre ajouté dans sa liste d'ingrédients ou que vous préférez ce pain parce que son premier ingrédient est de la farine de blé entier. Demeurez concret.

VOTRE ADOLESCENT

De manière générale, les habitudes des ados prennent une « dérape ». Ils prennent leur petit-déjeuner moins régulièrement, mangent moins de repas en famille, consomment moins de fruits et de légumes, mais plus de *fast-food* et de boissons gazeuses. Il peut vous sembler que tous vos efforts n'ont servi à rien. Mais ce n'est pas le cas. L'adolescent vit dans un monde d'adolescents.

C'est possible qu'il ne veuille plus rien savoir de ce que font, disent ou pensent les « vieux » – en l'occurrence ses parents ! Heureusement, c'est transitoire. Les principes et les bonnes habitudes que vous lui avez inculqués restent en lui… même s'ils semblent enfouis très loin pour l'instant.

Votre enfant a encore besoin de vous

Entre 12 et 17 ans, il s'en passe des choses dans la vie, dans le corps et dans la tête d'un adolescent ! Il commence cette étape de sa vie enfant et la termine adulte. Enfant, vous le nourrissez. Adulte, il se nourrit. Entre les deux, il apprend à le faire. Ne serait-ce que pour sa survie, il continuera à manger même si vous ne lui enseignez pas à le faire.

Pour lui apprendre à bien se nourrir, vous devrez l'aider à prendre conscience des différentes facettes que cela implique : planifier les repas, choisir les aliments, préparer à manger et être maître de son horaire. Au rythme de ses capacités et des responsabilités que vous lui confierez, il acquerra de l'autonomie. Puis, quand viendra pour lui le moment de voler de ses propres ailes, il acceptera le flambeau que vous lui remettrez avec assurance. C'est valable pour les garçons comme pour les filles. De nos jours, si un gars s'attend à ce qu'une fille prenne soin de lui, il peut attendre longtemps ! S'il commence à vivre en couple à 30 ans et qu'il a quitté la maison à 18 ans, il sera longtemps assis entre deux chaises… Puis, c'est possible que l'élue de son cœur ne soit pas à l'aise dans la cuisine – ni même intéressée à cuisiner.

À 13 ou 14 ans, votre enfant a de l'argent de poche, il est de plus en plus libre de ses allées et venues, et se retrouve plus souvent seul, ou seul avec des copains. Il lui est donc possible de manger ce qu'il veut quand il le veut. Il subit l'influence de ses pairs à divers égards, mais s'il a appris à écouter ses signaux de régulation internes, ils lui seront encore utiles. Si ce n'est déjà fait, aidez-le à les reconnaître pour mieux les respecter. (Voir à cet effet « Devenir grand… et conscient », page 97, et « Faim… et plus faim », page 85.)

Par ailleurs, ce n'est pas parce qu'il peut acheter des aliments que vous n'avez plus d'autorité sur lui. Il a toujours besoin d'encadrement et, surtout, de sentir que vous ne l'abandonnez pas à lui-même (même s'il dit que c'est ce qu'il veut). Continuez notamment de lui demander d'être présent aux repas familiaux (c'est salutaire pour tous – voir la section « Les repas en famille », page 52) et de participer à leur préparation de diverses manières. Son implication est essentielle puisque vous lui transmettez votre savoir.

La pâte à modeler

Pour soutenir le rythme de croissance, l'appétit augmente généralement à l'adolescence. La plupart du temps, les garçons comme les filles prennent du poids (des rondeurs) avant de grandir et peuvent donc être plus costauds temporairement. C'est normal et ils doivent en prendre conscience. Le pourcentage de gras des filles augmente à l'adolescence. C'est un phénomène naturel et nécessaire pour qu'elles puissent être aptes à la reproduction. Expliquez tout cela à votre ado et réfléchissez avant de faire des remarques sur sa silhouette, car il y est particulièrement sensible. En effet, durant l'adolescence plus que jamais, les jeunes sont vulnérables aux messages voulant que l'apparence soit garante du succès. Cela se répercute sur leur opinion d'eux-mêmes puisque environ 60 % des jeunes Québécois sont insatisfaits de leur corps, même si la majorité affiche un poids normal ou inférieur à la normale. Résultat, plusieurs usent de stratégies pour maigrir ou ne pas engraisser : sauter un repas, jeûner toute la journée, fumer. Ces stratégies sont nuisibles à la santé, on le sait ; entre autres résultats, on note une croissance perturbée et de l'anxiété (voir « Les régimes : lourds de conséquences », page 146). Sans oublier que les jeunes qui restreignent volontairement leur alimentation seraient plus susceptibles de souffrir de surpoids en vieillissant, de traîner des problèmes de faible estime de soi et de dévalorisation.

Pour aider votre adolescent à être bien dans sa peau, aimez-le, peu importe son format corporel. En fait, accordez peu d'importance à son apparence. Valorisez plutôt ses qualités et ses talents afin qu'il atteigne son plein potentiel et que son bonheur ne dépende pas de son *body*. Soyez aussi un modèle dans vos comportements, vos attitudes et vos commentaires, car même s'il joue la carte de l'indépendance, votre adolescent vous observe et a bien des chances de vous imiter. Être un modèle ne signifie pas être toujours en parfaite harmonie avec vous-même ; on a tous des jours où l'on se trouve moche. Comme l'explique le groupe d'action sur le poids ÉquiLibre, être un bon modèle signifie être conscient de son rapport avec la nourriture et avec son apparence, et surtout être conscient des paroles qui en découlent. Essayez d'éviter les commentaires désobligeants sur l'image des gens et cessez de penser aux aliments – et d'en parler – en termes de calories ou de régimes.

Matière à réflexion

Plus que quiconque, les parents déterminent ce que leur enfant mange et combien il est actif. Comme parent, vous pouvez influencer – voire modeler – les choix et les comportements de votre enfant, et ainsi avoir un impact positif sur sa santé et sa vie.

CHARITÉ BIEN ORDONNÉE...

Charité bien ordonnée commence par soi-même. Pour cela, il est bon d'évaluer la perception que vous avez de vous-même afin de voir ce que vous pouvez améliorer sur ce plan. Voici, dans cet objectif, un test utilisé par le groupe d'action sur le poids ÉquiLibre. Répondez-y de la façon la plus honnête possible.

		Plutôt d'accord	Plutôt en désaccord
1	Je sens que j'ai au moins 4,5 kilos (10 livres) en trop (ou en manque). Le nombre de kilos peut être différent pour vous.		
2	Je me pèse au moins chaque semaine.		
3	Je pense très souvent à la nourriture.		
4	Je devrais vraiment faire plus d'activité physique.		
5	Je donnerais n'importe quoi pour vêtir un ou deux points de plus petit (ou de plus grand).		
6	Je pense que mon alimentation comble mes besoins nutritionnels.		
7	Je m'aime.		
8	J'aime mon apparence en général.		
9	Je me situe dans ma zone de poids santé.		
10	Je suis heureux d'être comme je suis.		

Le calcul du pointage

Aux énoncés 1 à 5, attribuez-vous 0 point chaque fois que vous êtes « plutôt d'accord » et 1 point chaque fois que vous êtes « plutôt en désaccord ».

Aux énoncés 6 à 10, attribuez-vous 1 point chaque fois que vous êtes « plutôt d'accord » et 0 point chaque fois que vous êtes « plutôt en désaccord ».

De 8 à 10 points : Vous avez une bonne image corporelle. Une image corporelle positive dénote une acceptation de soi, une bonne estime de soi et une attention positive portée à son corps et à sa santé.

De 5 à 7 points : Votre image corporelle est moyenne. Notez les énoncés où vous n'avez obtenu aucun point et tentez d'y apporter des changements réalistes.

De 0 à 4 points : Vous serez plus heureux si votre image corporelle s'améliore. Soyez moins sévère envers vous-même. Acceptez davantage ce que vous êtes. Remarquez les énoncés où vous n'avez obtenu aucun point. Tentez d'y apporter des changements réalistes. Renseignez-vous sur le programme *Choisir de maigrir ?* du groupe d'action sur le poids ÉquiLibre qui a pour but de venir en aide aux femmes préoccupées par leur poids ou leur relation à la nourriture [www.equilibre.ca].

Quelques indices d'une image corporelle négative

- Je me mets au régime sévère.
- Je m'entraîne intensivement.
- Je fais de l'exercice par obligation et non par plaisir.
- Je ne peux pas sortir sans me mettre sur mon « 36 ».
- Je veux changer à tout prix.
- J'ai honte de mon corps.

Quelques indices d'une image corporelle positive

- Je fais confiance à mes choix alimentaires.
- Je mange selon mon appétit.
- J'accepte que mon poids varie à l'occasion.
- Mon poids n'est pas le centre de ma vie.

Tiré du guide *Bien dans sa tête, bien dans sa peau*, avec l'autorisation du groupe d'action sur le poids ÉquiLibre. Site Internet : [www.biendanssapeau.ca].

Aide-mémoire

* Évitez les interdits alimentaires. Mieux vaut fournir des aliments que les restreindre.
* Demandez aux enfants de prendre part aux activités entourant les repas : faire le marché, planifier et préparer des repas, faire la vaisselle, etc.
* Cuisinez aussi souvent que possible (par opposition à acheter du « tout préparé » ou à faire livrer du resto). Les odeurs, la vue et la manipulation des aliments stimulent les sens et mettent le processus de digestion en branle bien avant d'avoir avalé une bouchée !
* Mangez à la table (et non devant la télé).
* Les aliments sont une source de... plaisir ! Bien manger, ce n'est pas ennuyant et encore moins insipide. De plus, les enfants n'ont pas à connaître toutes les propriétés bénéfiques ou indésirables des aliments pour manger plus de ceci ou moins de cela (ils l'apprendront en vieillissant). Ils mangent en fonction de la disponibilité des aliments dont vous êtes le maître. Bien qu'il y ait des aliments meilleurs et d'autres moins bons pour la santé, évitez de les classer comme « bons » ou « mauvais ». N'oubliez pas que c'est la dose qui fait le poison.

Chapitre 7
MANGEZ ! DES TRUCS PRATIQUES

LE PETIT-DÉJEUNER

Le petit-déjeuner remet la « machine » en marche après plusieurs heures de repos. Il donne de l'énergie aux muscles et au cerveau afin qu'ils puissent fonctionner efficacement dès le petit matin. Ce repas est donc essentiel tant à la vitalité qu'à la capacité d'apprentissage des enfants. Des études ont d'ailleurs démontré à quel point le petit-déjeuner avait un impact considérable sur les fonctions cognitives et les performances scolaires.

Le repas du matin contribuerait aussi à réduire leurs risques de surpoids, si l'on en croit certaines études qui associent l'omission du petit-déjeuner à une plus forte corpulence. Bien que la raison exacte reste inexpliquée, des chercheurs pensent que le petit-déjeuner, en sortant le corps de son état de veille, lui permettrait de brûler plus efficacement les calories au cours de la journée. D'autres attribuent plutôt cette association aux fringales et aux appétits d'ogre ressentis aux repas subséquents, qui viennent compenser – et même dépasser – le manque du matin.

Peu importe le mécanisme, il demeure que, pour bien démarrer la journée, il faut manger ! Une bonne nouvelle : la majorité des jeunes Québécois âgés de 6 à 11 ans prennent régulièrement leur petit-déjeuner, et pour environ 90 % d'entre eux, c'est tous les matins ; un très petit nombre des enfants de ce groupe d'âge ne petit-déjeunent jamais. Le portrait est quelque peu différent chez les adolescents âgés de 12 à 16 ans, qui ont plus tendance à négliger cette bonne habitude : 36 % d'entre eux omettent ce premier repas de la journée au moins une fois par semaine.

21 40 MOYENS D'AIDER VOTRE ENFANT

Encouragez votre enfant à prendre un petit-déjeuner... et à faire en sorte que ce repas matinal soit équilibré.

La beauté du petit-déjeuner, c'est qu'il peut se préparer et se manger rapidement. Si c'est la course folle chez vous le matin ou que votre enfant n'a pas faim tout de suite en sortant du lit, rien n'empêche de manger ce repas en route vers l'école. Voici des suggestions de petits-déjeuners « portables ».

La banane bien roulée

Garnissez une petite tortilla ou un petit pita de blé entier de beurre d'arachide et enroulez le tout autour d'une banane.

Méli-mélo miam

Mélangez 70 g (environ ¾ tasse) de céréales de type Squares son de maïs ou son d'avoine, 2 c. à soupe d'amandes ou d'arachides et 2 c. à soupe de canneberges ou de fraises séchées.

Le cocktail aux joyeux joyaux

Mettez au mélangeur ⅓ d'un paquet de tofu soyeux, 60 g (½ tasse) de petits fruits (framboises, fraises, bleuets ou mûres) surgelés et 125 ml (½ tasse) de lait ou de boisson de soya enrichie. Mélangez et versez dans une bouteille thermos ou une gourde.

Ça, ceci et cela !

Composez ce petit-déjeuner d'un muffin maison, d'un morceau de fromage et d'une petite boîte de jus ou d'une compote de pommes non sucrée.

Pour les jeunes qui prennent le temps de manger avant de quitter la maison, voici des idées (toujours équilibrées !) pour apporter de la diversité.

Le gruau passe-partout

Mélangez 30 g (⅓ tasse) de gruau rapide, 160 ml (⅔ tasse) de lait, 2 pruneaux en petits morceaux ou 2 c. à soupe de raisins secs et une pincée de cannelle. Faites cuire au four à micro-ondes ou sur la cuisinière.

Le yogourt yo !

Au mélangeur, mélangez 175 ml (¾ tasse) de yogourt nature, 1 c. à soupe de beurre d'amande (ou de beurre d'arachide ou un autre beurre de noix), 2 c. à soupe de céréales de type musli (j'aime bien les Alpen) ou granola et quelques tranches de banane.

La crêpe surprise

Réchauffez une crêpe ou un *pancake* (voir la recette à la page 181) au grille-pain, au four à micro-ondes ou dans le four grille-pain. Garnitures suggérées : 1) petits fruits et yogourt ; 2) beurre d'arachide et tranches de banane ; 3) pomme cuite* et cheddar ; 4) jambon et tomate.

L'œuf cachette

Faites un trou dans une tranche de pain de blé entier avec un verre ou un emporte-pièce. Beurrez légèrement le pain, déposez-le dans une poêle chaude et cassez un œuf dans le trou. Diminuez l'intensité du feu et couvrez jusqu'à ce que l'œuf soit cuit, soit environ 2 minutes. Accompagnez d'une grappe de raisins (ou d'un autre fruit).

L'œuf ensoleillé

Battez un œuf avec 1 c. à soupe de lait et ajoutez-y 1 c. à soupe de cheddar ou de parmesan râpé. Versez dans une poêle et faites cuire environ 2 minutes en remuant constamment. Versez au centre d'une assiette et disposez des quartiers d'orange ou de clémentine tout autour. Selon l'appétit de votre enfant, accompagnez le tout d'une tranche de pain aux raisins rôtie et légèrement beurrée.

LES COLLATIONS

Les collations sont nécessaires pour la majorité des enfants, car leurs besoins en énergie sont grands. Avec leur petit estomac, il leur est difficile de manger suffisamment à un repas pour patienter jusqu'au suivant. Sans

---

* La pomme cuite se prépare rapidement : lavez une pomme, coupez-la en deux et retirez le cœur, faites des tranches de 5 mm (¼ po), déposez-les dans une assiette et faites-les cuire 1 minute au four à micro-ondes.

compromettre les repas du midi ou du soir, les collations permettent de les compléter en ayant elles-mêmes une bonne valeur nutritive. Pour cela, chaque collation doit être prise au moins une ou deux heures avant le repas afin que l'enfant ait faim au moment de se mettre à table. Il sera ainsi plus réceptif à ce que vous lui offrirez. Essayez de planifier l'heure de la collation quand l'enfant a un petit creux et non une faim de loup. Dans ce dernier cas, il pourrait avoir tendance à manger beaucoup et à manquer d'appétit au repas suivant.

Profitez des collations pour inclure des aliments qui n'ont pas été consommés aux repas, par exemple des fruits et des crudités de légumes, un produit céréalier ou laitier. Du point de vue nutritif, la collation idéale fournit des glucides pour calmer rapidement la faim, et des protéines pour soutenir quelques heures. C'est en combinant deux aliments de groupes différents qu'on y arrive le plus facilement. Cela dit, il se peut que votre enfant se contente d'un seul aliment. Les possibilités de collations à la maison sont beaucoup plus nombreuses, comparées à celles que l'enfant peut apporter à l'école : chez soi, on peut servir des aliments périssables et des produits à base de noix si personne n'est allergique.

Voici quelques suggestions de combinaisons (vous trouverez également plusieurs recettes à la fin du livre) :

- Fromage et fruits séchés ou jus de légumes ;
- Lait* ou boisson de soya* (au verre, au berlingot ou en contenant Tetra Pak) et céréales à petit-déjeuner qui se mangent sèches, telles que les Squares, les Mini-Wheats, les Cheerios multigrains, les Shreddies, etc. ;
- Lait* ou boisson de soya* et l'une des options suivantes : petit muffin maison, pain aux bananes, pain aux courgettes, barres tendres, carrés aux dattes ou biscuits maison ;
- Trempettes à base de yogourt, de tofu soyeux ou d'hoummos avec des légumes crus : petites tomates, pois mange-tout, mini-carottes, petits concombres, etc. ;

* Pour les collations prises à l'extérieur de la maison, le lait et les boissons de soya vendus en contenants aseptisés Tetra Pak (format individuel) sont très pratiques, car on n'a pas à les réfrigérer avant leur ouverture.

- Trempettes à base de yogourt, de fromage frais ou de tofu soyeux avec des fruits : quartiers de pomme, rondelles de banane, fraises, tranches de kiwi, morceaux de cantaloup ou d'ananas, entre autres ;
- Tranche de pain ou quelques craquelins de grains entiers garnis de tartinade de tofu, d'hoummos, de végépâté, de fromage, de beurre d'arachide ou de beurre d'amande ;
- Boisson fouettée (style *smoothie*) à base de yogourt ou de tofu soyeux, ou encore de lait ou de boisson de soya avec des fruits frais ou surgelés.

Malgré ces beaux principes, une collation moins nourrissante est acceptable à l'occasion, et pas nécessairement néfaste si l'alimentation générale est équilibrée. Ce qui n'est pas souhaitable, c'est de confondre collation et grignotage. Contrairement à la collation bien établie, régulière et supervisée, le grignotage consiste à manger un peu n'importe quoi, n'importe quand. Informez vos enfants que la cuisine n'est pas un dépanneur ouvert 24 heures par jour !

22 — **40 MOYENS D'AIDER VOTRE ENFANT**

Prévoyez des collations saines à la maison et pour les déplacements.

LES PORTIONS

Avant d'aller plus loin, parlons un peu des portions. Habituellement, plus il y a d'aliments dans l'assiette, plus on mange. Une étude a démontré que des enfants âgés de deux à neuf ans mangeaient en moyenne 29 % de plus quand on leur servait de généreuses portions, et ce, même s'ils ne vidaient jamais leur assiette (que les portions servies soient normales ou 50 % plus grandes). Les chercheurs ont remarqué que les jeunes avaient tendance à prendre de plus grosses bouchées devant une généreuse platée, comme s'ils voyaient un défi de taille à relever et qu'ils devaient mettre les bouchées doubles (c'est le cas de le dire !). Là où les jeunes ont généralement tendance à manger le moins, c'est quand ils se servent eux-mêmes. Souvenez-vous : le « combien » est leur responsabilité (voir « La division des responsabilités, en pratique... », page 87).

Les enfants peuvent rester maîtres du « combien » même lorsque vous préparez leur assiette. Servez-leur des quantités raisonnables pour leur âge (voir le tableau à la page 111). S'ils ont encore faim après avoir vidé leur assiette, ils en redemanderont. Au fait, qu'est-ce qu'une portion ? Une portion de jeune enfant (de un à quatre ans environ) équivaut *grosso modo* à une demi-portion régulière. L'enfant un peu plus vieux peut recevoir les portions suggérées dans le *Guide alimentaire canadien* (voir l'annexe 3). La quantité d'aliments nécessaire à un enfant dépend notamment de sa taille, de son poids, de son niveau d'activité physique, de ses besoins pour grandir et de l'efficacité de son corps à brûler les calories. Il est donc inutile de comparer les enfants entre eux !

23

40 MOYENS D'AIDER VOTRE ENFANT

Servez à votre enfant des portions adaptées à ses besoins, des portions pour enfant !

Les quantités présentées dans le tableau ci-après peuvent être utilisées comme portions de départ à mettre dans l'assiette de votre enfant. Il est possible qu'il ne mange pas tout ou qu'il en redemande. Ne le forcez jamais à tout manger et ne le limitez pas non plus. Puisque son appétit, ses besoins et ses goûts varient d'un jour à l'autre, évaluez son alimentation en fonction du *Guide alimentaire canadien* (voir l'annexe 3) sur une période de deux ou trois semaines plutôt que quotidiennement. Après trois semaines, si vous constatez qu'il surconsomme tous les jours certains aliments au détriment des autres, il est temps d'imposer certaines limites. Par contre, s'il mange de tout (y compris des fruits et des légumes) de manière satisfaisante, il n'y a pas lieu de s'interposer.

LES PORTIONS SUGGÉRÉES* POUR LES ENFANTS

Aliments	Portions suggérées		Remarques
	De 1 à 4 ans environ	5 ans et plus	
Légumes et fruits			
Légumes crus, cuits ou jus de légumes	60 ml	125 ml	Offrez des légumes crus aux enfants de 2 ans et plus, ou lorsqu'ils sont capables de bien mastiquer.
Fruits frais, cuits, surgelés ou compote sans sucre ajouté	60 ml ou ½ fruit	125 ml ou 1 fruit	
Laitue	125 ml	250 ml	
Jus de fruits*	60 ml, soit 30 ml de jus dilué dans 30 ml d'eau	125 ml, dilué idéalement	Limitez le jus à 1 ou 2 portions par jour.
Produits céréaliers			
Pain à grains entiers ou enrichi	½ tranche	1 tranche	Donnez des céréales enrichies pour bébé régulièrement jusqu'à l'âge de 2 ans.
Pain pita, bagel, petit pain	¼	½	
Céréales chaudes*	100 ml	175 ml	
Céréales froides	15 g ou de 50 à 85 ml	30 g ou de 125 à 175 ml	Privilégiez les pains et les céréales à grains entiers ou enrichis, et les céréales à déjeuner peu sucrées.
Pâtes alimentaires	60 ml	125 ml	
Riz, semoule	60 ml	125 ml	
Muffin	½	1	
Lait et substituts			
Lait*	125 ml de lait entier	250 ml	On suggère de boire 500 ml de lait par jour (600 ml pour les enfants de 2 ans et moins), car il s'agit de la principale source de vitamine D.
Yogourt	85 ml	175 ml	
Fromage ordinaire	25 g	50 g	
Fromage cottage	60 ml	125 ml	
Viande et substituts			
Viande, volaille ou poisson cuit	35 g	75 g	Les noix et les graines ne devraient pas être offertes aux enfants de moins de 3 ans, car ils risquent de s'étouffer.
Œufs	1	2	
Légumineuses	85 ml	175 ml	
Tofu soyeux	60 g	125 g	
Tofu ferme	50 g	100 g	
Beurre d'arachide	15 ml	30 ml	
Noix et graines	30 ml	60 ml	

* Voir l'explication sur les portions à la page 112.

La « demi-portion » (pour les jeunes de un à quatre ans) est une moyenne approximative. Vous pouvez servir des portions plus petites à l'enfant âgé de un an et un peu plus grosses à celui de quatre ans. Évidemment, la taille de ses portions ne doublera pas du jour au lendemain parce qu'il arrive à cinq ans ! Augmentez graduellement la quantité d'aliments que vous lui servez jusqu'à équivaloir à « une portion » du *Guide alimentaire canadien*. Par ailleurs, il ne s'agit pas d'une limite, puisqu'un repas comprend souvent deux portions d'un aliment ou d'un groupe, par exemple deux tranches de pain ou 180 g (1 tasse) de légumes.

Une image vaut (approximativement)...

- 30 ml : une balle de golf ;
- 85 ml : un gros œuf ;
- 125 ml : une balle de tennis, une rondelle de hockey ou une souris d'ordinateur ;
- 50 g de fromage : 3 piles AA ;
- 75 g de viande : un jeu de cartes ou un pain de savon.

LE LUNCH

Votre enfant part tous les matins avec sa boîte à lunch sous le bras ? Si l'on compte cinq repas pris à l'école chaque semaine tout au long de l'année scolaire, ça en fait près de 200. Deux cents lunchs nourrissants et variés, c'est tout un défi ! Mais ça vaut la peine, surtout si les repas servis à la cafétéria de l'école laissent à désirer. Cela dit, avec la nouvelle politique-cadre du gouvernement du Québec visant à interdire les boissons gazeuses, les frites, la panure et les autres aliments à faible valeur nutritive dans les établissements scolaires primaires et secondaires, la qualité nutritionnelle devrait être grandement améliorée dans un avenir rapproché. Pour relever le défi des lunchs – et même pour y prendre plaisir –, il faut de la planification et de l'inspiration. Planification, car ce n'est pas le matin, 20 minutes avant le départ, qu'il faut y penser... Inspiration, parce que *junior* ne doit pas se tanner ni lever le nez sur le contenu de sa boîte à lunch, et parce que cela vous permettra de résister aux solutions toutes prêtes du marché, du genre *Lunch mate* (mini-hot-dog, pizza, nachos, etc., accompagnés d'une boisson à saveur de fruits et de friandises).

La planification

Comme le dit la fable : « Rien ne sert de courir, il faut partir à point. » Voici quelques trucs pour y arriver :

* Planifiez les repas de la semaine, y compris les lunchs. Faites une liste d'épicerie pour tout avoir sous la main. Cuisinez quelques repas en plus grande quantité pour faire des lunchs que vous pourrez réfrigérer ou congeler en portions individuelles.
* Ayez une réserve d'aliments dépanneurs dans le garde-manger, le réfrigérateur et le congélateur. Des exemples ? Des boîtes de thon, de saumon, de légumineuses et de sauce tomate, des légumes surgelés, divers pains et pâtes alimentaires, du jus de légumes, etc.
* Préparez tout le contenu de la boîte à lunch (repas ou sandwich, crudités, boisson, dessert, collation) la veille afin qu'il ne reste qu'à rassembler les éléments le matin venu.

L'inspiration

Puisque « variété » est le mot d'ordre, il faut des idées. Pour vous inspirer, feuilletez des livres de recettes et des magazines, naviguez dans Internet et échangez des idées avec les autres parents de votre entourage. Vous verrez que les ressources sont inépuisables et serez surpris de constater qu'il existe autant de possibilités de repas nourrissants, équilibrés et soutenants. Même les sandwichs, grâce à une multitude de pains et de garnitures interchangeables, peuvent ne jamais être banals.

Dans tout cela, retenez qu'un lunch nourrissant, comme un bon repas, comporte des fruits et des légumes, des produits céréaliers – de grains entiers de préférence – ou un autre féculent, et une bonne source de protéines. Un repas attrayant est composé d'aliments colorés, aux formes et aux textures variées. Pour les enfants, il doit aussi être facile à manger, pas (trop) salissant, ni collant ou odorant. Cela dit, le lunch n'a pas toujours à comporter une « vraie » recette. Il peut être un amalgame d'aliments comme lors d'un pique-nique : pain pita en triangles, tartinade de tofu ou d'hoummos, fromage, crudités, etc. (Pour des idées concernant les fruits et légumes, voir « La fin justifie les moyens », page 64, et la section des recettes à la fin du livre.)

24

40 MOYENS D'AIDER VOTRE ENFANT

Soyez le gardien du fort et veillez à offrir une alimentation équilibrée à votre famille.

LE DESSERT

Le dessert, que ce soit un gâteau ou un fruit, n'est pas un absolu. On peut très bien terminer un repas sans se mettre quelque chose de sucré sous la dent. Laissez votre enfant juger s'il a encore faim après son repas principal. Même le dessert le plus sain du monde est beaucoup moins sain lorsqu'il est mangé sans faim. La majorité du temps, offrez des aliments nourrissants comme un fruit, du yogourt, un dessert à base de lait ou de boisson de soya, ou encore un muffin maison. (Vous trouverez plusieurs idées à cet effet dans la section des recettes à la fin du livre.)

De temps à autre, offrez du gâteau, de la tarte ou une autre pâtisserie. Si c'est un dessert que votre enfant aime particulièrement, mentionnez-le-lui à l'avance afin qu'il se garde une petite place. Sinon, rien ne vous empêche de lui donner sa portion en guise de collation. Une fois n'est pas coutume ! Il n'est pas souhaitable d'obliger l'enfant à vider son assiette et à dépasser sa faim pour avoir du dessert. C'est un plaisir qu'on apprécie encore davantage quand il nous reste un petit creux à la fin du repas, n'est-ce pas ?

Par ailleurs, établissez une limite claire : on mange UNE portion de dessert, pas deux, trois ou quatre. Sans cette règle, un enfant pourrait être tenté de se nourrir de dessert... S'il sait que sa seule portion de dessert ne le rassasiera pas, il y a fort à parier qu'il mangera au moins une partie de son plat principal. S'il a encore faim après sa portion de dessert, vous pouvez lui offrir l'assiette qu'il n'a pas terminée. S'il refuse, tant pis. Ne cédez pas à sa demande d'une deuxième portion de dessert, car il en fera une habitude. Dites-lui qu'il devra attendre sa collation, en espérant qu'il comprenne rapidement que, lorsqu'il ne mange pas assez, il a faim et que ce n'est pas agréable. (En espérant aussi que ces conseils de collègues et d'amies mamans fonctionneront bien avec votre petit à la dent sucrée !)

Finalement, souvenez-vous que vous êtes maître du « quoi » (voir « La division des responsabilités, en pratique... », page 87). Quand votre enfant n'a presque pas touché ses légumes, donnez-lui le choix entre deux fruits. Quand il ne mange pas sa viande (source de protéines), offrez-lui du yogourt, du fromage ou une boisson fouettée (style *smoothie*) en guise de dessert. Quand il refuse les pâtes (est-ce que ça se peut ?!) ou un autre féculent, complétez le repas avec un muffin maison. Autrement dit, faites en sorte que le dessert rectifie un déséquilibre du repas, s'il y a lieu (si votre enfant mange de tout, ce n'est pas nécessaire).

LE RESTO

Parce qu'il vous rassemble autour d'une table, le repas en famille au restaurant comporte toujours au moins un point positif... même quand ce que vous mangez n'est pas exemplaire. Cela dit, c'est encore mieux si vous faites des choix santé. Dans presque tous les restaurants comme à la maison, il est possible de bien ou de mal manger. La différence avec la maison, c'est que votre enfant voudra choisir son repas.

Si vous allez souvent au resto, proposez des compromis. Demandez à votre enfant, par exemple, de prendre un verre de lait, un jus de légumes ou une salade de fruits avec son choix moins santé. Vous pouvez aussi lui accorder une seule gâterie parmi les frites, les croquettes (ou autres aliments frits), la boisson gazeuse, le dessert décadent ou autres. Par contre, si vous n'allez qu'occasionnellement au restaurant, vous pouvez le laisser faire librement ses choix, sans considérations d'ordre nutritionnel. Ce n'est pas un repas qui va ruiner vos efforts ou sa santé !

DES SUBSTITUTIONS GAGNANTES

Pour améliorer l'alimentation de votre enfant de façon durable, mieux vaut procéder graduellement. Les gros changements qui chamboulent les habitudes du jour au lendemain risquent de ne pas durer. Vous savez ce qu'on dit : petit train va loin. Les petits changements, les petites différences se cumulent pour faire toute la différence.

Dans cet ordre d'idée, le tableau suivant contient des suggestions de substitutions que vous pourrez appliquer au rythme qu'il vous plaira, dans l'ordre ou dans le désordre, et en adoptant celles qui feront votre affaire. Il n'est pas question de suivre un régime. Ces substitutions n'ont pas seulement moins de calories, de gras ou de sucre, elles ont également des valeurs ajoutées. C'est une question de santé bien avant une question de poids, et cela peut convenir à toute la famille. Surtout, il faut éviter d'appliquer des substitutions pour un seul membre de la famille, en particulier pour un enfant, car il se sentirait isolé et « pas assez bien » à vos yeux.

25

40 MOYENS D'AIDER VOTRE ENFANT

Prenez le temps de lire les listes d'ingrédients et de comparer les tableaux de valeur nutritive afin de faire des choix éclairés à l'épicerie.

Nos papilles sont tellement habituées aux aliments très sucrés que les saveurs plus subtiles – et naturelles – nous semblent parfois fades. C'est possible de renverser la vapeur et de réapprivoiser les saveurs plus douces. Je vous propose des solutions pour y arriver. Quand vous en serez rendu à trouver tous les produits du commerce trop sucrés, prenez le temps d'écrire aux fabricants ou de les appeler pour leur faire part de votre opinion (ils ont tous un service aux consommateurs). Ils nous offriront peut-être un jour des aliments sucrés juste à souhait, plutôt que tombés dans le sucrier ! Toutefois, l'idée ici n'est pas de remplacer le sucre par des « faux sucres » (les substituts comme le Splenda ou l'aspartame), mais de mettre au point des produits au goût moins sucré. Ce n'est pas si sorcier, non ?

QUELQUES SUBSTITUTIONS

Plutôt que...	Essayez...	Commentaires
Mayonnaise dans un sandwich ou une trempette	Yogourt nature ou crème sure faible en gras	• Le yogourt nature modérément faible en gras est moins aigre que le produit « sans gras » et sa saveur plus douce plaît généralement davantage. N'hésitez pas à choisir un yogourt qui contient au moins 2 % M.G. Même le yogourt nature à 10 % M.G. fournit moins de gras (et plus d'éléments nutritifs) que la mayonnaise. • Donnez du goût au yogourt ou à la crème sure en les mélangeant à un peu de moutarde douce, au miel ou de Dijon, ou encore à de la salsa. • Si vous tenez à conserver le goût de la mayonnaise, mélangez-la avec la même quantité (ou plus) de yogourt nature faible en gras.

Boisson gazeuse	Eau de source ou minérale pétillante mélangée avec du jus de fruits	• Mélangez l'eau et le jus dans une proportion d'au moins 1 pour 1 ; préférablement, utilisez plus d'eau que de jus.
Jus de fruits	Jus de fruits dilué	• Faites un mélange moitié-moitié de jus de fruits et d'eau (ou ajoutez un peu plus d'eau).
Lait au chocolat	Lait au chocolat dilué avec du lait ordinaire	• Le lait au chocolat fait le bonheur des petits (et des grands). Il peut même faire office de dessert. • Pour réduire sa teneur en sucre, mélangez-le avec du lait ordinaire, moitié-moitié ou 2 parts de lait au chocolat pour 1 part de lait ordinaire.
Yogourt aromatisé ou aux fruits	Mélange de yogourt aromatisé et de yogourt nature	• Commencez par ajouter quelques cuillérées de yogourt nature au yogourt aromatisé, puis augmentez graduellement la proportion de yogourt nature. • Pour ma part, une ou deux cuillérées de yogourt aromatisé suffisent désormais à sucrer mon yogourt nature.
Quiche	Omelette	• C'est la pâte feuilletée qui fait toute la différence puisqu'elle est composée ni plus ni moins de farine et d'un corps gras (souvent riche en mauvais gras saturés ou hydrogénés).
Abaisse d'un pâté (au poulet, au saumon, à la viande, etc.)	Tranche de pain de blé entier dans un moule à muffins	• Aplatissez les tranches de pain à l'aide d'un rouleau à pâte et déposez-les dans des moules à muffins. Au lieu d'un pâté de format familial, vous aurez des petits pâtés de formats individuels ; ils sont très pratiques : vous pouvez les congeler et les inclure dans la boîte à lunch. • Vous pouvez fermer le mini-pâté en déposant une rondelle de pain aplati sur le dessus. • Récupérez les retailles de pain pour les faire sécher et en faire de la chapelure.
Vinaigrette maison composée d'huile et de vinaigre (ou de jus de citron)	Jus d'orange, de pamplemousse, de bleuet, ou autre	• Ajoutez un peu de jus à la vinaigrette. En plus de réduire les calories et les matières grasses, le jus ajoute une note fruitée et sucrée très plaisante.
Vinaigrette du commerce ou maison	Bouillon de poulet ou de légumes	• Ajoutez un peu de bouillon à votre vinaigrette. Optez pour du bouillon à teneur réduite en sodium, surtout si vous choisissez une vinaigrette du commerce, probablement déjà salée.

Crème pour faire une sauce	Lait évaporé en boîte	• Si la sauce contient de la fécule de maïs, chauffez-la doucement, car elle aura tendance à faire des grumeaux à chaleur vive. • Pour la même raison, si la sauce contient du vinaigre (ou un autre ingrédient acide), ajoutez le lait évaporé à la toute dernière minute.
Farine blanche dans les muffins, les biscuits et les gâteaux	Farine de blé entier, ou moitié farine blanche et moitié farine de blé entier	• La compagnie Robin Hood a mis sur le marché une farine de blé entier beaucoup plus pâle et fine que la farine de blé entier tout usage. Elle peut remplacer la farine blanche en totalité. • Les muffins peuvent être faits de blé entier à 100 %. On y gagne des fibres alimentaires.
Céréales chaudes (gruau, crème de blé, son d'avoine) préparées avec de l'eau	Céréales chaudes préparées avec du lait partiellement écrémé ou avec un mélange moitié eau et moitié lait	• En utilisant du lait, vous ajoutez des protéines (qui rendent le petit-déjeuner plus soutenant), du calcium et d'autres nutriments. • Vous pouvez aussi utiliser une boisson de soya enrichie nature.
Roux blanc pour épaissir (moitié beurre et moitié farine)	Fécule de maïs	• Diluez la fécule de maïs dans un liquide froid avant de l'ajouter à la préparation, à la fin de la cuisson.
Matières grasses dans des muffins (huile, beurre ou margarine)	Purées de fruits (banane, pruneaux, compote de pommes non sucrée), de citrouille, de courgettes, etc.	• Remplacez la moitié du gras demandé dans la recette par une purée de fruits ou de légumes. Résultat : moins de gras, plus de fruits et de goût !
Frites cuites dans l'huile	Frites (de pommes de terre ou de patates douces) cuites au four	• Résultat : moins de gras. • Les patates douces ajoutent des vitamines et de la couleur.
Crème glacée	Sorbet ou yogourt glacé	• Choisissez un sorbet fait uniquement de fruits et de jus de fruits (lisez la liste des ingrédients pour savoir ce que le produit contient). • Consultez la section des recettes à la fin du livre pour préparer un yogourt glacé délicieux et facile à faire.

PLANIFIER POUR SIMPLIFIER

Il est nécessaire de prévoir des collations et des repas réguliers pour assurer aux enfants une croissance et un développement optimaux. Cela permet aussi de leur donner un sentiment de sécurité et de confort quand ils sont jeunes. Il y a toujours de la place pour l'improvisation, mais la planification comporte de nombreux avantages. Entre autres, elle aide à varier les menus et permet ainsi de consommer une variété d'aliments et d'éléments nutritifs différents, bien répartis tout au long de la journée. Elle permet également d'accélérer la préparation des repas puisqu'elle règle l'éternelle question « Qu'est-ce qu'on mange ? », d'éviter les courses de dernière minute à l'épicerie et de sortir des aliments du congélateur, au besoin, ou de préparer certaines étapes à l'avance. Voici comment procéder :

1. Dessinez un tableau (sur une seule page, c'est plus pratique) comprenant tous les jours de la semaine, de façon à inclure trois repas et deux ou trois collations. Vous verrez clairement la diversité et l'équilibre de votre plan.
2. Pour chaque repas (ou la majorité), prévoyez un féculent (produit céréalier ou pomme de terre), un fruit ou un légume et une bonne source de protéines (voir « Le *Guide alimentaire canadien* », page 80, et « L'assiette santé », page 81). Utilisez un code de couleur (avec des crayons de couleur ou des surligneurs) pour mieux visualiser les groupes d'aliments représentés. N'hésitez pas à feuilleter des livres de recettes pour vous inspirer.
3. Choisissez des aliments pouvant être mangés séparément plutôt que des plats tout en un si votre enfant mange mieux ainsi, et incluez des aliments pouvant être mangés avec les doigts. Assurez-vous d'inclure une diversité de couleurs, de formes et de saveurs différentes à chaque repas et laissez aller votre imagination pour les présenter de façon amusante et originale.
4. Incluez des aliments qui plaisent particulièrement aux enfants, et un aliment nouveau régulièrement.
5. Veillez à établir un équilibre entre les aliments riches en gras et d'autres moins gras. Aussi, évitez de servir des aliments frits (croquettes de poulet, filets de poisson panés, frites, etc.) plus d'une fois par semaine ou même par mois. Et quand de tels aliments sont

au menu, équilibrez le tout en ajoutant plus de fruits et de légumes (non frits !).

6. Incluez dans les collations des aliments des groupes du *Guide alimentaire canadien* qui sont moins bien représentés aux repas.
7. Présentez votre plan aux autres membres de la famille (si vous l'avez fait seul) et voyez de quelle façon chacun participera à sa réalisation.

Vous trouverez un exemple de plan pour la semaine inséré entre les pages 240 et 241. Les plats marqués d'un astérisque (et d'autres ne figurant pas dans ce menu) se retrouvent dans la section des recettes, aux pages 177 à 216.

Aide-mémoire

- Offrez chaque jour au menu une variété d'aliments des quatre groupes du *Guide alimentaire canadien*.
- Incluez des aliments d'au moins trois des quatre groupes à chaque repas.
- Offrez idéalement deux aliments de groupes différents aux collations.
- Préparez, autant que possible, les aliments vous-même plutôt que de les acheter déjà préparés.

Chapitre 8
BOUGEZ !

LES JEUNES QUÉBÉCOIS NE BOUGENT PAS ASSEZ

En règle générale, les enfants bougent davantage que les adultes, mais plusieurs jeunes ne sont pas suffisamment actifs pour retirer les bienfaits associés à l'activité physique. De plus, leur niveau d'activité tend à décliner avec l'âge, en particulier chez les filles. Alors qu'au début du secondaire 68 % des garçons et 46 % des filles font au moins 20 minutes d'activité physique, trois fois par semaine durant leurs loisirs, ce taux chute à 46 % pour les garçons et à 27 % pour les filles à la fin du secondaire.

Bouger 20 minutes, c'est mieux que rien… mais ce n'est que le tiers de l'objectif quotidien proposé par Kino-Québec pour les jeunes âgés de 5 à 17 ans. L'organisme prescrit en effet l'équivalent d'au moins une heure d'activité physique, d'intensité moyenne ou plus élevée, chaque jour. Cet objectif de sept heures hebdomadaires peut cumuler des activités de durée variable, mais doit comprendre au moins cinq séances d'activité physique par semaine. Selon cette définition, 44 % des 12-17 ans – garçons et filles confondus – sont actifs, tandis que 27 % d'entre eux sont moyennement actifs (30 minutes par jour) et 30 % pas du tout actifs (ces pourcentages sont arrondis). Kino-Québec recommande également d'inclure au moins 3 épisodes hebdomadaires de 20 minutes d'efforts modérés à vigoureux, c'est-à-dire d'activité suffisamment intense pour faire transpirer ou pour augmenter le rythme de la respiration.

Dans son *Guide d'activité physique canadien*, Santé Canada recommande, pour sa part, aux enfants et aux adolescents d'accumuler au moins 90 minutes d'activité physique modérée par jour…

26 40 MOYENS D'AIDER VOTRE ENFANT

Faites du sport ou des activités physiques avec votre enfant.

JOUER... SUR LES MOTS !

Activité physique, exercice ou jeu ? Quelques précisions s'imposent. Une activité physique implique n'importe quel mouvement corporel commandé par les muscles et qui résulte en une dépense énergétique. L'exercice est un type d'activité physique qui est planifié, structuré et répétitif. Il y a un type d'activité physique qui convient parfaitement aux enfants : le jeu. Jouer activement bien sûr, mais jouer. Dans le domaine de l'alimentation, on dit que les enfants mangent par (et avec) plaisir. C'est le même principe pour l'activité physique : les jeunes bougent pour le plaisir. Si bouger, c'est jouer, ils participeront sans se poser de question. Si, au contraire, l'activité physique est présentée comme une tâche, une obligation ou un effort, ils seront moins portés à l'apprécier.

27 40 MOYENS D'AIDER VOTRE ENFANT

Impliquez toute la famille dans vos activités sportives.

À LEUR SANTÉ !

Comme pour les adultes, l'activité physique est salutaire pour les jeunes. Elle améliore la masse et la densité osseuse, de même que la force et l'endurance musculaires. Elle influe positivement sur les taux sanguins de cholestérol et de triglycérides, sur le poids et la pression artérielle, ce qui contribue à protéger l'organisme contre les maladies cardiovasculaires. Elle est également bénéfique à la santé mentale puisqu'elle favorise l'estime de soi et réduit l'anxiété, le stress et les symptômes de la dépression.

Fait important : bouger au quotidien améliore aussi la concentration des enfants en classe. Il n'a pas été clairement démontré que l'activité physique améliorait directement les notes des élèves, mais on sait qu'elle favorise un état de relaxation et de bien-être. Or, on peut aisément supposer qu'un élève plus calme et plus concentré a plus d'atouts pour bien réussir à l'école.

Reconnaître les bénéfices de l'activité physique, c'est reconnaître la nécessité d'agir pour réduire l'inactivité chez les jeunes et les moins jeunes. Tous les groupes d'experts s'accordent sur ce point. Les détails – quoi, comment, combien – font l'objet de recommandations diverses, mais le fondement est commun : inciter la nouvelle génération à bouger davantage. La fin justifie les moyens. Qu'il s'agisse d'activités, de jeux, de sports, de travail, de cours d'activité physique, de moyen de transport (le vélo, par exemple), dans un contexte familial, scolaire ou communautaire, tout est valable.

Si vous avez acheté ce livre, c'est que vous êtes déjà sensibilisé à l'importance d'une bonne forme physique. La première étape est franchie. Facile, non ? Reste le plus important… et le plus difficile : passer à l'action !

Matière à réflexion

L'activité physique est bénéfique à la santé physique, mentale, émotionnelle et relationnelle d'un enfant.

LES FACTEURS INFLUENÇANT LA PRATIQUE DE L'ACTIVITÉ PHYSIQUE

Plusieurs facteurs peuvent influencer les jeunes à faire du sport ou de l'activité physique. Voici les principaux :

* Les facteurs individuels :
  - La confiance en ses habiletés et la bonne perception de ses compétences physiques ;
  - Une attitude positive face à l'activité physique ;
  - La perception des bienfaits : avoir du plaisir, apprendre et améliorer ses habiletés, être en forme, améliorer son apparence, augmenter sa force, son endurance et sa flexibilité, entre autres.

* Les facteurs interpersonnels :
  - Le soutien et la participation des amis ;
  - L'exemple de parents actifs ;
  - L'appui des parents.

* Les facteurs environnementaux :
  - L'accès aux aires de jeux et à l'équipement sportif ;
  - L'accessibilité du transport vers les lieux d'activité.

À l'opposé, le fait de penser à ce qui nous empêche de faire du sport, surtout le manque de temps, aurait une influence négative sur la pratique des activités physiques.

En résumé, les facteurs sur lesquels vous avez du pouvoir sont nombreux. Concrètement, pour aider votre jeune à bouger davantage :

* soyez vous-même actif ;
* témoignez des bienfaits que vous en ressentez ;
* inscrivez votre enfant à des activités, accompagnez-le et écoutez-le vous en parler ;
* félicitez votre enfant et complimentez-le pour ses efforts et ses bons coups ;
* soyez disponible pour faire le « taxi » ou, encore mieux, accompagnez votre enfant, à pied, à vélo, en patins à roues alignées, à ses entraînements sportifs ;
* soyez prêt à consacrer quelques soirées ou fins de semaine à ses activités, dont des sorties scolaires qui demandent des parents bénévoles ;
* invitez des amis à faire des sorties avec la famille.

PETIT TRAIN VA LOIN

En matière d'activité physique comme d'habitudes alimentaires, chaque effort et la moindre petite amélioration sont dignes de mention. Être actif ne veut pas dire s'investir dans un sport, suivre un programme rigoureux, suer à grosses gouttes ou souffrir. Quand un enfant est complètement sédentaire, s'activer peut signifier 15 minutes de marche ou de vélo pour se rendre à l'école et en revenir, jouer au ballon ou danser à la corde dans la cour de récréation, jouer dans la piscine, entre autres options. Bien sûr, l'idéal est de bouger 30, 60 et même 90 minutes par jour pour ressentir davantage de bienfaits. Cela dit, 5 minutes à s'activer, c'est 5 minutes de gagnées. Toutes les périodes, aussi brèves soient-elles, s'accumulent. Bouger un peu plus chaque jour est un objectif à la portée de tous, petits et grands.

28

40 MOYENS D'AIDER VOTRE ENFANT

Chaque fois que c'est possible, déplacez-vous (de même que vos enfants) sans la voiture.

LA ROUTINE

Bouger devrait faire partie de la vie des enfants au même titre que manger, dormir ou aller à l'école. Le matin, on ne se pose pas la question : « Vais-je manger aujourd'hui ? » On sait que l'on va manger, c'est planifié, c'est ancré dans la routine. On se demande tout de même : « Que vais-je manger ? » C'est la partie qui reste à planifier, qui est sans cesse à recommencer. Pourquoi ne pas faire de même avec l'activité physique ? Ne plus se poser la question : « Vais-je faire de l'activité physique aujourd'hui ? », mais plutôt se demander : « Quelle activité vais-je faire aujourd'hui ? »

Bref, je suggère d'organiser ses activités à l'avance comme on le fait pour les repas ; il sera ainsi plus facile de les intégrer au quotidien. La planification est avantageuse, car elle permet aux enfants d'être plus actifs sur une base quotidienne et aux parents de réduire les périodes allouées aux passe-temps sédentaires (par exemple, regarder la télévision). Elle vous assure aussi d'avoir du « bon temps » avec vos enfants. Voici quelques éléments clés d'une bonne planification. Prévoir :

- une combinaison d'activités d'endurance (par exemple, le vélo, le soccer, la natation), d'assouplissement (par exemple, la danse, la gymnastique) et de force (par exemple, l'escalade, le trapèze) pour fortifier tant le cœur et les poumons que les os et les muscles ;
- des activités appropriées à l'âge et au stade de développement de l'enfant ;
- des activités amusantes, sécuritaires et supervisées lorsque cela est nécessaire ;
- une diversité d'activités au cours de la semaine ;
- de 30 à 60 minutes, idéalement, d'activités structurées et au moins 60 minutes d'activités non structurées chaque jour. Les activités structurées sont celles que vous – ou un moniteur – dirigez. Les activités non structurées sont celles où les enfants s'amusent librement.

L'association Les Diététistes du Canada a élaboré un « planificateur d'activités communes » pour aider les parents qui ne savent pas trop comment s'y prendre, ou qui ne veulent rien oublier. Il est fait à l'intention des parents et des éducateurs d'enfants d'âge préscolaire, mais les principes sont valables pour tous les âges. Vous le trouverez au site Internet suivant : [www.dietetistes.ca/healthystart/Planificateur_dactivites_communes.pdf].

29 — 40 MOYENS D'AIDER VOTRE ENFANT

Aidez votre enfant à trouver une ou plusieurs activités sportives qu'il aime. Incitez-le à partager ces activités avec un ami, encouragez-le et soyez disponible pour faire le « taxi ».

DES IDÉES POUR LES J.O.

J.O. pour Joyeux Organisateurs, plutôt que pour Jeux olympiques ! Je le répète, le but n'est pas la performance ni même la compétition, c'est le plaisir d'être actif. Les activités possibles sont innombrables. Il y en a pour toutes les saisons, tous les goûts, toutes les bourses et les enfants de tous âges. Voici, en vrac, quelques idées qui sauront vous inspirer et les amuser.

L'eau

- *Piscine.* Des cours sont offerts dès l'âge de six mois si vous souhaitez des activités dirigées. Sinon, la majorité des piscines municipales offrent des périodes de bain libre pour tous où les enfants peuvent patauger, glisser et jouer dans l'eau.
- *Parc aquatique et plage.* La saison de ces activités extérieures est limitée, ce qui en fait des activités toujours spéciales et attendues avec impatience. Sachez en profiter !
- *Sur l'eau.* Plusieurs options sont offertes, même dans plusieurs villes : canot, canoë-camping, pédalo.

Les installations intérieures

- *Gymnastique.* À plusieurs endroits, on offre des cours dès l'âge de 18 mois (parents-enfants d'abord, puis enfants seuls).

- *Danse.* Des cours d'initiation sont offerts dès l'âge de deux ans, mais vos enfants peuvent danser avec vous encore plus tôt !
- *Conditionnement physique.* Plusieurs centres, dont Énergie Cardio, offrent des cours pour enfants.
- *Arts martiaux.* Plusieurs centres de judo, de karaté, de taekwondo, notamment, offrent des cours pour les tout jeunes.
- *Aréna.* On peut y faire du patinage, libre ou artistique, y jouer au hockey, entre autres. À certains endroits, on donne des cours aux enfants dès l'âge de trois ou quatre ans. Les jeunes peuvent y patiner en famille ou avec des amis.

Dehors, 3 saisons

- *Soccer.* Ce sport est de plus en plus populaire en Amérique du Nord. On peut faire partie d'une équipe dès l'âge de quatre ans, environ.
- *Parc.* On peut s'y rendre à pied ou à vélo. Cette sortie gratuite peut être quotidienne. Votre enfant peut y rencontrer d'autres jeunes (et vous, d'autres parents) et y faire de nombreuses activités : *tag*, course à obstacle, cache-cache, jeux aux balançoires, entre autres.
- *Cours d'école.* On y trouve des jeux, des paniers de basket-ball, des murs pour lancer la balle, et bien plus.
- *Forêt.* On peut y observer les oiseaux, les petits animaux, les insectes, la flore, etc.
- *Piste cyclable.* Les activités n'y manquent pas : marche, vélo, patins à roues alignées, trottinette, planche à roulettes, alouette !
- *Espaces verts.* De multiples jeux sont possibles : ballon, disque volant (*frisbee*), raquettes + moineau, cerf-volant, *tag*, et bien d'autres !

Dehors, l'hiver

- *Espaces « blancs ».* Les options ne manquent pas : raquette, ski de fond, jeu des quatre coins, glissade, traîneau (vos petits prendront goût à être dehors même s'ils bougent peu), construction de forts et de bonshommes de neige…
- *Ski alpin et planche à neige.* La plupart des centres offrent des cours de ski pour les petits dès trois ou quatre ans. Pour la planche à neige, les cours commencent généralement à six ans.

- *Ski de fond.* Les jeunes peuvent faire du ski de fond dès l'âge de trois ans environ. Initiez-les sur de courts parcours et en les aidant, au besoin, à monter les pentes (même ce qui vous semble n'être qu'un faux plat !).
- *Patinoires extérieures.* Les activités libres sont nombreuses.

À la maison

- *À l'intérieur.* Déplacez les meubles et dansez sur la musique préférée de vos enfants, faites du mime, bougez au rythme des DVD d'exercices pour les jeunes ou dirigez vous-même une « classe » d'exercices.
- *À l'extérieur.* Installez un panier de basket-ball dans la cour, ou un filet de volley-ball ou de badminton derrière la maison.

Des activités libres ou dirigées ?

Bien que les activités dirigées soient agréables pour les enfants et qu'elles contribuent à leur développement social et physique, ils n'en ont pas besoin pour dépenser de l'énergie. Des chercheurs de la University College of London en Grande-Bretagne ont observé que les enfants brûlaient jusqu'à trois fois moins de calories lorsqu'ils prenaient part à des sports qui leur demandaient de rester assis sur le banc une partie du temps, comparativement aux moments où ils jouaient librement. Si votre enfant attend son tour plus souvent qu'il n'est dans le feu de l'action, ne faites pas de cet entraînement ou de cette partie sa seule activité physique de la journée… et parlez à l'entraîneur pour lui demander de changer la situation. Les chercheurs britanniques ont par ailleurs remarqué que les enfants qui marchaient ou pédalaient pour se rendre à leur entraînement ou à leur partie étaient plus énergiques pendant le jeu, comme si l'utilisation de la voiture provoquait une certaine paresse chez eux. Décidément, il n'y a que des bonnes raisons pour privilégier les déplacements actifs lorsque c'est possible !

30

40 MOYENS D'AIDER VOTRE ENFANT

Participez aux mouvements qui exigent plus d'activité physique à l'école ou encouragez-les de diverses façons.

LA PYRAMIDE DES ACTIVITÉS

La pyramide suivante illustre l'importance relative que devraient avoir les divers types d'activités dans la vie de l'enfant. Les plus importantes se situent à la base de la pyramide et les moins importantes, au sommet.

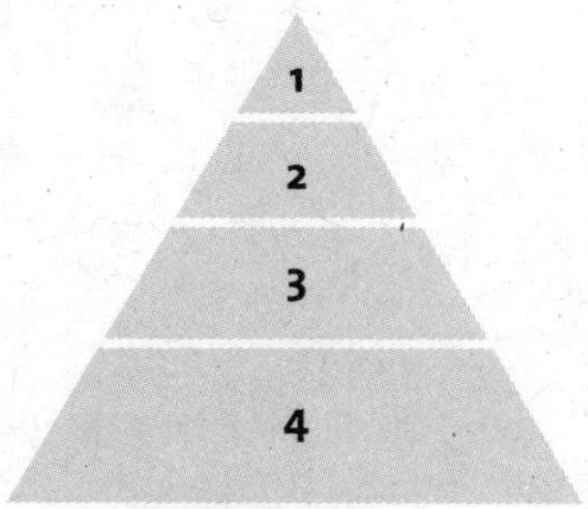

1. Loisirs sédentaires
Éviter d'être assis plus de 30 minutes de suite.
Télévision, jeux vidéo, ordinateur (récréatif).

2. Sport ou activité dirigée
Une fois ou plus par semaine, si possible.
Soccer, ski, natation, etc.

3. Activités d'intensité moyenne ou plus élevée
Au moins 20 minutes consécutives, trois fois par semaine, d'une activité suffisamment intense pour faire transpirer ou respirer rapidement.

4. Activités de tous les jours à l'école et à la maison
Déplacements (marche, vélo, patins à roues alignées, trottinette, escaliers, etc.).
Courir, sauter, grimper, lancer, attraper, bref jouer !
Jeux et loisirs (ballon chasseur, *tag*, corde à danser, basket-ball, danse, etc.).
Cours d'éducation physique (c'est un idéal).

Chapitre 9

MOLLO, LES ÉCRANS !

POUR LE PLAISIR... ET POUR GROSSIR

La télévision fait partie de nos vies… et de celle de nos enfants. Selon les émissions, elle les divertit ou les instruit. Mais elle n'a pas qu'une bonne influence : elle les incite aussi à bouger peu et à manger plus. Assis, avachis ou même couchés devant le petit (ou le grand) écran, ils ne font comme « effort » que garder les yeux ouverts et déplacer le pouce sur la télécommande. Il peut arriver – souvent, dans bien des cas – que leur mâchoire soit aussi sollicitée, parce que plusieurs grignotent devant la télé ! En résumé, la télé :

- est une activité qui fait dépenser très peu d'énergie (voir « Moins que rien », à la page suivante) ;
- remplace des activités plus physiques, donc des occasions de dépenser de l'énergie ;
- incite à ingurgiter toutes sortes d'aliments, donc plus de calories.

Matière à réflexion

Selon une vaste étude américaine menée auprès de 50 000 femmes, le risque de devenir obèse grimpe de 23 % pour chaque tranche de 2 heures à écouter la télé, tandis que le risque de souffrir du diabète augmente de 14 %. Bien que ces données se rapportent à des adultes, elles ont de quoi faire réfléchir.

Rien d'étonnant, donc, que la télévision soit associée à un risque accru de surpoids. Des recherches menées dans plusieurs pays, auprès tant de jeunes enfants que d'adolescents, le confirment : ceux qui écoutent la télévision plus de deux heures par jour ont généralement un IMC (une corpulence) plus élevé que ceux qui se limitent – ou qui sont limités – à moins de deux heures. Une étude américaine parle même d'une probabilité de faire de l'embonpoint 4,6 fois plus élevée chez les jeunes qui sont rivés devant le téléviseur quatre ou cinq heures par jour, par rapport à ceux qui sont limités à deux heures ou moins. C'est considérable.

Or, les enfants passent environ quatre heures par jour devant un écran quelconque. Aux États-Unis, en moyenne, les enfants passent de 19 à 25 heures par semaine – soit plus ou moins trois heures par jour – devant la télé.

Matière à réflexion

Plus les enfants écoutent la télévision, plus ils ont tendance à accumuler des kilos en trop. En effet, la « télévision est montrée du doigt par les chercheurs comme étant une des principales causes de l'augmentation du taux d'obésité chez les moins de 15 ans ».

SOURCE : QUOTIDIEN *LA PRESSE*, 18 FÉVRIER 2007.

MOINS QUE RIEN

Quand on écoute la télévision, la dépense énergétique est minime. Installés devant la télé, les enfants brûlent moins de calories que lors de toute autre activité, même sédentaire, par exemple lire, écouter une histoire ou même ne « rien faire ». En fait, il n'y aurait que lorsqu'ils dorment qu'ils brûleraient moins de calories. Selon un chercheur américain, écouter la télé entraînerait une baisse du métabolisme (quantité d'énergie que l'on dépense au repos) de l'ordre de 12 à 16 %, ce qui équivaut à un manque à gagner d'environ 200 calories par jour. Même si d'autres études ne constatent pas un effet aussi marqué, aucune ne conclut en faveur de la télévision.

L'œuf ou la poule ?

D'un côté, on dit que les enfants qui écoutent beaucoup la télévision courent plus de risques d'avoir un surpoids. De l'autre, on constate que bon nombre d'enfants aux prises avec un surpoids font moins de sport et écoutent davantage la télévision. L'abus de la télé est-elle une cause ou une conséquence de l'obésité infantile ? Un peu des deux, sans doute...

ATTENTION : DANGER ?

La prise de poids n'est qu'un des effets potentiels qu'entraîne l'abus de la télévision. Voici d'autres conséquences indésirables :

- Un manque d'exercice, qui a comme conséquence une moins bonne forme physique ;
- Des troubles du sommeil et, possiblement, une puberté prématurée, deux conséquences attribuables à une diminution de la production de mélatonine, une hormone qui régule les rythmes biologiques. Cette hormone affecterait aussi le système immunitaire ;
- Une moins bonne alimentation (voir ci-après les sections « Manger devant la télé : une question de quantité... », «... et de qualité ») ;
- Moins de créativité et d'interaction avec les autres membres de la famille ;
- Une sédentarité accrue : les enfants sont plus passifs non seulement physiquement, mais aussi mentalement et dans leurs relations avec autrui.

31

40 MOYENS D'AIDER VOTRE ENFANT

Encadrez (et limitez) l'écoute de la télé de votre enfant.

MANGER DEVANT LA TÉLÉ : UNE QUESTION DE QUANTITÉ...

Cela va presque de pair : quand on va au cinéma, on achète quelque chose à grignoter. À la maison aussi, beaucoup d'entre nous ont l'habitude de manger devant le téléviseur. Les enfants suivent cet exemple. Une fois de temps à autre, ce n'est pas problématique, mais trop souvent – voire tout le temps –, ce n'est vraiment pas souhaitable. Pourquoi ? Parce qu'on a tendance à manger davantage, et c'est prouvé.

Des chercheurs américains ont tenté l'expérience avec des adolescents. Ils leur ont offert de la pizza ou du macaroni au fromage en les invitant à manger soit devant la télévision, soit en écoutant de la musique. Les résultats sont étonnants : devant le petit écran, les sujets ont mangé entre 36 % (pizza) et 71 % (macaroni) de plus qu'en écoutant de la musique. Ils ont remarqué que, devant la télé, les jeunes laissaient moins de temps entre deux pointes de pizza, et mangeaient leur macaroni plus vite et plus longtemps. Autrement dit, ils semblaient manger par automatisme, sans réellement prendre conscience de ce qu'ils faisaient et encore moins de leurs signaux de faim et de satiété. Sans surprise, les auteurs de l'étude ont conclu que manger des aliments caloriques et qui nous sont familiers en regardant la télévision ne pouvait que contribuer à la crise de l'obésité qui sévit actuellement.

Matière à réflexion

Les enfants américains consomment environ 20 % de leur apport calorique quotidien devant le petit écran.

… ET DE QUALITÉ

Les enquêtes sur la nutrition effectuées auprès des enfants révèlent que la télé et les jeux vidéo sont associés à une alimentation moins riche en fruits et en légumes et contenant plus de boissons gazeuses, d'aliments frits, de restauration rapide, de collations salées, de friandises et de caféine. Au Québec, une étude menée auprès d'enfants a clairement établi le lien entre le fait de manger devant la télé et la fréquence de consommation d'aliments à calories vides. Est-ce un effet direct de la publicité à laquelle ils sont exposés ? À n'en pas douter, car elle est omniprésente, même sur Internet.

Le Center for Science in the Public Interest a évalué que plus de la moitié des publicités présentées au cours d'émissions pour enfants étaient consacrées à la nourriture. De ce nombre, neuf sur dix mettaient en vedette des aliments de piètre qualité nutritionnelle. Il est démontré que les publicités influencent non seulement la reconnaissance des marques et le choix de certains produits, mais qu'elles font également la promotion de la surconsommation chez les jeunes. Aidez vos enfants à développer un esprit critique en leur expliquant que les « annonces » sont prêtes à tout pour convaincre les gens que tel ou tel aliment est essentiel, mais qu'il ne faut pas nécessairement les croire.

Un attrait malsain

Un adolescent sur dix saute un repas et un sur quatre mange plus rapidement au moins une fois par semaine pour pouvoir écouter la télévision ou jouer à des jeux sur ordinateur.

Par ailleurs, il semblerait que, lorsque la télé est très présente, elle devient presque un membre de la famille. Les habitudes alimentaires des personnages des publicités et des émissions seraient alors perçues comme celles de la famille… Éteindre la télé à l'heure des repas, c'est le premier pas à faire pour fermer votre porte à ces intrus.

32 **40 MOYENS D'AIDER VOTRE ENFANT**

Éteignez la télévision pendant les repas.

QUE FAIRE ?

Interdire la télé et les jeux vidéo n'est pas la solution. Mieux vaut gérer le type d'émissions et de jeux, et les heures qu'y consacrent vos enfants. Voici quelques conseils prodigués notamment par des chercheurs, la Société canadienne de pédiatrie, le Réseau Éducation-Médias et l'American Academy of Pediatrics :

- Montrez l'exemple. Les enfants imitent leurs parents…
- Placez la télévision et l'ordinateur dans une pièce familiale. Ne permettez pas à vos enfants d'installer ces appareils dans leur chambre. Évidemment, mieux vaut commencer tôt et instaurer ce règlement avec de jeunes enfants, car vous risquez de rencontrer de la résistance avec vos ados pour qui c'est un droit acquis !
- Décidez, avec les enfants, des émissions qu'ils pourront écouter et que vous écouterez en famille. Recherchez par exemple des émissions sur la nature, le sport, des comédies ou d'autres émissions destinées à leur groupe d'âge ou au grand public. Discutez du contenu avec eux.
- Limitez à une ou deux heures par jour le temps total alloué à la télé, aux jeux vidéo ou à l'ordinateur (sauf s'il s'agit de travaux scolaires), surtout en semaine. L'American Academy of Pediatrics recommande d'éviter d'y exposer les petits de moins de deux ans. Les jeux, la socialisation, l'interaction avec les parents, la lecture et les devoirs – pour ceux d'âge scolaire – sont beaucoup plus formateurs…
- Transformez une écoute passive en écoute active. Organisez des concours ou simplement des activités qui font bouger durant les pauses commerciales. Des suggestions : sauter le plus haut ou le plus

loin possible ; trouver un objet précis sur un autre étage de la maison ; danser ; diriger à tour de rôle une mini-classe d'exercices ou d'étirements de trois minutes, etc.
* Ne mangez pas devant la télé.
* Planifiez une soirée (ou une semaine) sans télé. Pour que l'expérience soit réussie, il faut prévoir d'autres activités ou des jeux pour remplacer la télé.
* Ne laissez pas la télé allumée quand vous ne la regardez pas.
* Assurez-vous que votre gardienne connaît et respecte vos règles télévisuelles.

EN FAIRE PLUS

Si vous avez envie de sensibiliser les enfants et d'autres adultes à une écoute responsable de la télévision, le Réseau Éducation-Médias propose divers outils et actions. Visitez leur site Internet au [www.education-medias.ca].

Matière à réflexion

Quand on n'écoute pas la télé, on discute davantage.

LES JEUX VIDÉO : ET QUE ÇA SAUTE !

Quand nous étions jeunes, mes sœurs et moi avions une console de jeux « Intelevision », un genre de Nintendo des années 1980. Notre jeu préféré était Frogger. Il mettait en scène une petite grenouille qui devait traverser la rue sans se faire frapper par les voitures, ou traverser la rivière sur des billots de bois sans tomber dans l'eau où nageaient des crocodiles. Je nous revois encore sauter dans le salon autant que ladite grenouille. Ce n'était pas nécessaire pour progresser dans le jeu, mais nous étions tellement nerveuses et excitées que nous ne pouvions pas rester assises ! Puis, l'attrait de la nouveauté s'est estompé et la console s'est empoussiérée (façon de parler, car ma mère ne laissait jamais s'accumuler la poussière !). À part les Jeux olympiques du COMODOR 64 de nos cousines une fois ou deux par année, ce fut la fin de notre relation avec les jeux vidéo. Nous étions faites pour bouger plus que le pouce…

Les jeux vidéo, à quelques exceptions près, sont des activités aussi sédentaires que la télévision. Ces exceptions sont les jeux qui invitent les joueurs à bouger, notamment Dance Dance Revolution, et ceux qu'offre la console Wii de Nintendo : boxe, tennis, quilles, baseball, golf, etc. Mais est-ce suffisant pour les considérer comme des activités physiques ? Pour le vérifier, des chercheurs américains ont demandé à des enfants avec un excès de poids de jouer à Dance Dance Revolution – qui consiste à effectuer des pas de danse sur un tapis sensible – pendant 30 minutes, 5 jours par semaine pendant 24 semaines. Résultat : les joueurs n'ont pas perdu de poids, mais le groupe témoin (qui n'a pas joué) a pris en moyenne 2,7 kg. Cela a donc amené les chercheurs à conclure que, si le jeu n'entraînait pas une perte de poids, il contribuait au moins à ne pas en prendre. Le plus intéressant, c'est que les médecins ont constaté une diminution des facteurs de risques associés aux problèmes cardiaques et au diabète.

Les jeux actifs sont préférables aux jeux passifs, c'est certain. Mais pour qu'ils apportent un minimum de bénéfices, ils doivent réellement faire bouger et idéalement faire transpirer. Or, une étude californienne a démontré que, même lorsque les fréquences cardiaque et respiratoire augmentaient, l'ampleur des changements n'était pas assez considérable pour comparer les jeux vidéo d'action à une activité physique régulière. Qui plus est, la majorité fonctionne même si le joueur ne se démène pas… On pourrait, à la limite, boxer assis sur un divan ! Bref, la volonté et l'énergie du joueur déterminent les bienfaits de ces jeux vidéo.

33 — **40 MOYENS D'AIDER VOTRE ENFANT**

Limitez les jeux vidéo.

LA TÉLÉ QUI FAIT DANSER

Si vous avez parfois envie de passer votre chapeau de Joyeux Organisateur à d'autres, il existe plusieurs DVD et CD pour faire bouger et danser les enfants. J'en connais au moins deux qui seront ravies de prendre la relève : Annie Brocoli et Josée Lavigueur. Toutes deux sont sensibles à la cause des jeunes, et pas seulement en paroles. Le DVD *Info-broc santé* et l'album *La danse des vitamines* d'Annie Brocoli, ainsi que le DVD *La bougeotte* de Josée Lavigueur amusent et déplacent de l'air. Gageons que vous aurez envie de vous joindre à elles !

Chapitre 10

DORMEZ !

BONNE NUIT !

Le sommeil est important pour la croissance physique et cognitive de l'enfant. Il influence tant son humeur que son comportement et son aptitude à apprendre. Un enfant bien reposé a une humeur plus agréable, une meilleure concentration et une meilleure mémoire, et il a un système immunitaire mieux armé, moins à risque d'infections. Ce n'est pas tout : une bonne nuit de sommeil l'aide aussi à maintenir un poids santé. Qui aurait cru que cette activité des plus sédentaires puisse avoir un tel effet ? Il y a pourtant de nombreuses évidences qui suggèrent cela, tant chez les adultes que chez les enfants.

Des chercheurs québécois se sont justement penchés sur la question. Après avoir suivi 422 enfants âgés en moyenne de 6,5 ans, ils ont découvert que plus la nuit était courte, plus les enfants risquaient de se retrouver avec un surplus de poids. Leurs résultats révèlent qu'un jeune enfant qui cumule de 8 à 10 heures de sommeil court un risque deux fois plus élevé de souffrir d'embonpoint ou d'obésité qu'un enfant qui dort de 12 à 13 heures quotidiennement. Mais comme ce nombre d'heures élevé est irréaliste pour les enfants qui vont à l'école et qui ne font pas de sieste pendant la journée, l'idéal est tout de même de viser une nuit de 10 ou 11 heures plutôt que de 8 ou 9 heures.

Matière à réflexion

Le manque de sommeil augmente les risques de prendre du poids.

En fait, chaque enfant est unique et a des besoins particuliers (il n'y a d'ailleurs pas de consensus chez les chercheurs au sujet du nombre d'heures exact de sommeil nécessaire aux enfants). Si votre petit est d'humeur maussade ou a de la difficulté à rester concentré plus de quelques minutes, soupçonnez un manque de sommeil… La Société canadienne du sommeil juge que les enfants d'âge préscolaire et scolaire ont besoin de 10 à 11 heures de sommeil par nuit, et d'une sieste dans la journée jusqu'à l'âge de cinq ans environ. Les adolescents, eux, devraient continuer à bénéficier d'une nuit de 9 heures.

34 **40 MOYENS D'AIDER VOTRE ENFANT**

Faites en sorte que votre jeune enfant dorme au moins 10 heures par nuit.

C'EST QUOI LE RAPPORT ?

Le sommeil, tout comme l'activité physique, fait partie d'un mode de vie sain. Mais qu'est-ce qui explique que moins on dort, plus on risque de prendre du poids ? Les chercheurs ne le savent pas encore avec certitude, mais ils émettent certaines hypothèses. Premièrement, le manque de sommeil nous inciterait à manger davantage pour compenser la baisse d'énergie ressentie par l'organisme. Il semblerait que le nombre d'heures d'éveil est à peu près proportionnel à l'apport calorique d'une journée. À preuve, qui n'a pas besoin d'une collation les soirs où il veille tard ? Deuxièmement, le manque de sommeil influence aussi le niveau d'activité physique, puisqu'on a beaucoup moins envie de s'activer (et de dépenser de l'énergie) quand on est fatigué. Troisièmement, il y aurait aussi déséquilibre hormonal : lorsqu'on prive l'organisme de sommeil, il produit moins de leptine et plus de ghréline. Ces deux hormones contribuent à moduler l'appétit ; la leptine le diminue lorsqu'on a assez mangé, tandis que la ghréline le stimule. Bref, en ne dormant pas assez, notre corps perdrait son habileté à déterminer la quantité de nourriture dont il a besoin. On aurait ainsi tendance à manger davantage et, par conséquent, à prendre du poids.

Matière à réflexion

L'abus de la télé est associé à un surplus de poids ; la présence d'une télé dans la chambre est un facteur encore plus fortement lié à l'excès pondéral chez l'enfant et l'adolescent. Aux États-Unis, 57 % des enfants âgés de 8 à 16 ans ont un téléviseur dans leur chambre.

QUAND MANGER RIME AVEC TÉLÉ ET FATIGUÉ

Avoir une télé dans sa chambre n'est vraiment pas une bonne idée pour un enfant ou un adolescent. *Primo,* ça l'incite à s'enfermer dès qu'il met les pieds dans la maison. *Secundo,* vous avez peu de moyens de surveiller ce qu'il écoute. *Tertio,* cela diminue ses heures de sommeil, car il est porté à écouter la télé jusqu'à une heure avancée. Un enfant qui se couche tard est un enfant qui éprouve généralement des difficultés à se lever le matin. Il saute donc du lit à la dernière minute… et saute le petit-déjeuner ! Quand la faim le tenaille au beau milieu de l'avant-midi, il est alors tenté par les distributrices ou autres services de restauration offrant des choix peu nourrissants. Fatigué, il n'a ni l'énergie ni la motivation de faire du sport. Comme il mange moins bien et bouge peu, il a tendance à engraisser. Et plus il a un surplus de poids important, moins il a envie d'être actif. Vous l'aurez compris, c'est un cercle vicieux.

35 — **40 MOYENS D'AIDER VOTRE ENFANT**

Ne permettez pas à votre enfant d'avoir une télé dans sa chambre.

L'ABC (ET DEF !) D'UN BON REPOS

Voici quelques conseils pour favoriser un sommeil réparateur chez vos jeunes.

Assurer le confort

Pour bien s'endormir et profiter d'une bonne nuit de sommeil, la chambre devrait être silencieuse et sombre ; sa température devrait être confortable. Après le confort, il y a aussi le réconfort. Certains enfants dormiront mieux – et se rendormiront, s'ils se réveillent au beau milieu de la nuit – en présence d'un toutou ou d'une doudou.

Boycotter la télé

Éteignez la télévision et l'ordinateur au moins 30 minutes avant d'envoyer votre enfant au lit. Le type de lumière émise par leur écran stimule le cerveau, ce qui provoque des difficultés à s'endormir, une moins bonne nuit de sommeil et, par conséquent, plus de somnolence durant la journée. En fait, la télévision n'a pas l'effet relaxant qu'on lui accorde généralement. Les jeux vidéo, et l'excitation qui leur est associée, sont encore moins relaxants.

36

40 MOYENS D'AIDER VOTRE ENFANT

Incitez votre enfant à faire autre chose qu'écouter la télévision avant d'aller se coucher.

Consommer une collation au besoin

S'il a mangé tôt (ou peu) au repas du soir, un enfant s'endormira probablement mieux s'il consomme une petite collation avant de se coucher. Ce pourrait être un petit bol de céréales, du yogourt, une tasse de lait chaud, etc. Évitez ce qui est très sucré. De même, évitez les repas lourds, surtout peu avant d'aller au lit. Au réveil, un bon petit-déjeuner fait aussi partie d'une routine santé.

Dormir à heures régulières

Les horaires changent durant les fins de semaine, mais votre enfant bénéficie tout de même d'une bonne nuit de sommeil, car il peut rester au lit un peu plus longtemps le matin. Toutefois, s'il est du genre à se lever aussi tôt les jours de congé que les jours d'école, il ne rattrapera peut-être pas le sommeil perdu lorsqu'il se couche tard. Les heures de coucher et de lever devraient donc idéalement être semblables tous les jours (en variant d'au plus 30 minutes entre la semaine et la fin de semaine). Évidemment, c'est un idéal, car il y aura certainement des exceptions. Si vous devez changer l'horaire pour procurer une meilleure nuit à votre enfant, faites-le graduellement. Commencez par devancer l'heure du coucher de 15 minutes, puis encore de 15 minutes au bout de deux semaines, jusqu'à ce qu'il dorme au moins 10 heures. Les réveils seront de plus en plus aisés, eux aussi.

Par ailleurs, il est important d'inclure à l'horaire des enfants une période de relaxation avant le coucher. Leur corps et leur cerveau ont besoin d'environ 30 minutes pour se calmer et se préparer à dormir. Profitez de ce temps pour leur faire la lecture, pour chanter des chansons douces ou pour écouter de la musique avec eux.

Éviter la caféine

La caféine a un effet stimulant qui dure plusieurs heures, puisqu'elle demeure longtemps dans le corps. Après quatre ou cinq heures environ, il reste toujours environ la moitié de la dose consommée; huit ou dix heures plus tard, il en reste encore le quart environ. C'est donc dire qu'un enfant ayant bu une boisson gazeuse du genre cola (avec *grosso modo* 40 mg de caféine) à 16 h aura quelque 20 mg de caféine circulant dans son sang à 20 h, et encore approximativement 10 mg à minuit. Comme son effet varie d'un enfant à l'autre, il est impossible de dire à quelle quantité exactement il faut le limiter, et à partir de quelle heure ne plus lui en donner. Chose certaine, cette substance ne favorise pas le sommeil. Au contraire, elle risque fort de retarder l'heure à laquelle l'enfant s'endormira, d'alléger son sommeil et de le réveiller plus tôt.

La Société canadienne du sommeil recommande d'éviter de donner aux enfants des aliments ou des boissons contenant de la caféine au cours des six heures précédant le coucher. Pour les enfants, c'est le chocolat et les colas qui sont les plus souvent concernés. Santé Canada recommande pour sa part des doses maximales quotidiennes en fonction de l'âge:

- Enfants de 4 à 6 ans: 45 mg/jour;
- Enfants de 7 à 9 ans: 62 mg/jour;
- Enfants de 10 à 12 ans: 85 mg/jour.

À titre de comparaison, le tableau suivant fournit la teneur en caféine de quelques produits, dont certains sont particulièrement populaires auprès des jeunes.

LA TENEUR EN CAFÉINE DE QUELQUES PRODUITS

Produit	Teneur en caféine (mg)
Café filtre, 240 ml	150
Thé noir, 240 ml	45
Thé vert, 240 ml	30
Cola, 355 ml	De 36 à 46
Friandise au chocolat, 28 g	De 7 à 19
Brownie, 42 g	10
Pouding au chocolat, 145 g	9
Lait au chocolat, 237 ml	8
Gâteau au chocolat, 80 g	6

Faire de l'exercice

Selon la Société canadienne du sommeil, le fait d'être actif pendant la journée et de profiter des rayons du soleil du matin favorise le cycle sommeil-éveil. Cependant, mieux vaut éviter de faire de l'exercice épuisant au cours des trois heures précédant le coucher, car cela réchauffe le corps et retarde l'endormissement.

Chapitre 11
L'ENFANT AUX PRISES AVEC UN SURPOIDS

OBÈSE UN JOUR, OBÈSE TOUJOURS ?

Un enfant qui souffre d'obésité en bas âge court plus de risques d'être obèse, une fois adulte, qu'un enfant mince, surtout si l'un de ses parents ou les deux présentent un grand surplus de poids. *Mais ce n'est pas une fatalité.* L'adoption de saines habitudes de vie peut le ramener à un poids souhaitable. Souhaitable pour lui, bien sûr. Et cela ne veut pas dire éliminer toutes les rondeurs. J'insiste, car il est très important d'accepter la diversité des formats corporels.

MIEUX VAUT PRÉVENIR QUE GUÉRIR. MAIS S'IL FAUT GUÉRIR…

Définir l'obésité chez les jeunes n'est pas facile. En fait, il n'y a même pas de consensus à ce sujet. La définition sur laquelle s'entendent les spécialistes est que « l'obésité est un surplus de gras corporel nuisible à la santé ». Mais c'est justement ce « surplus de gras corporel » qui est difficile à baliser chez les enfants et les adolescents, car il varie constamment en fonction de la croissance et de la maturation sexuelle. Il n'existe pas une valeur de référence unique permettant de lier le surplus de gras à d'éventuels risques pour la santé. Voilà pourquoi je mentionnais dans un chapitre précédent que les chartes de croissance contribuent au dépistage des problèmes de poids, mais qu'elles ne constituent pas en soi un outil diagnostique.

L'obésité est un problème de santé extrêmement complexe à traiter, notamment à cause de ses composantes à la fois physiques et psychologiques. Il faut travailler sur les deux fronts. Bien que l'approche le plus souvent utilisée – par les adultes du moins – mise sur les restrictions alimentaires et la perte de poids, c'est la dimension psychologique qui est la plus importante. Le fait d'imposer un régime, même s'il est équilibré, ne règle pas le problème à la base. Cela met tout simplement le « naturel » de côté. Et vous savez ce qu'on dit : chassez le naturel et il revient au galop !

Imposer un régime, c'est décider pour la personne. C'est mettre ses signaux à *off*, comme certains disent, et la contraindre à manger par automatisme, par calculs sans se poser de question. C'est la rendre dépendante d'un programme alimentaire. Ce n'est pas ça, la vraie vie. La vraie vie, c'est manger avec appétit quand on a faim – et à sa faim – des aliments dont on a envie. La vraie vie, c'est aussi avoir un corps vrai pour soi. Il faut savoir accepter et aimer la silhouette qui nous convient. Le plus important dans le traitement de l'obésité, c'est cela. Et au lieu de viser des objectifs difficiles à atteindre, voire irréalistes – et d'en être malheureux –, on se concentrera sur l'essentiel : améliorer la santé.

LES RÉGIMES : LOURDS DE CONSÉQUENCES

Être au régime, pour un enfant, c'est non seulement commencer sa vie au régime, mais aussi commencer une vie de régimes. C'est se faire marginaliser à cause de son corps. C'est le croire anormal, car *les autres* le veulent autrement. C'est partir dans la vie en ayant une image négative de soi. C'est bousiller son estime de soi déjà fragile à cet âge.

Surtout, vouloir maigrir avant même d'avoir fini de grandir n'est pas sans conséquence. Les régimes amaigrissants restrictifs génèrent un stress physique et psychologique intense. Ils risquent :

- de perturber la croissance et de retarder la puberté ;
- de perturber le processus de maturation des os, de les fragiliser et ainsi d'augmenter les risques d'ostéoporose dans l'avenir ;
- de causer de la fatigue, de l'insomnie et des difficultés de concentration ;
- d'entraîner des maux de tête, des étourdissements, des malaises digestifs, des crampes musculaires, et d'autres malaises pouvant résulter d'une déshydratation ;
- d'isoler le jeune, de nuire à son estime de soi, de lui enlever le plaisir de manger, de lui faire établir une relation malsaine avec la

nourriture et même de manifester des troubles de comportements alimentaires comme l'anorexie ou la boulimie.

37

40 MOYENS D'AIDER VOTRE ENFANT

Ne mettez pas votre enfant au régime.

LA BONNE SOLUTION

Imposer une diète à un enfant risque d'amplifier le problème plutôt que de le résoudre, car il entretiendra une préoccupation exagérée face à la nourriture. Chaque fois qu'il en aura l'occasion, il se suralimentera en prévision de la prochaine privation. Les régimes ainsi que toutes formes de pressions sur ses choix alimentaires et sur son poids sont déconseillés. Ce qu'on veut, c'est aider l'enfant, et non pas lui nuire. Et pour l'aider, il faut, idéalement avec un professionnel de la santé (les nutritionnistes sont bien placées) :

1. *cerner – et non créer – le problème*. Il importe de distinguer un enfant relativement costaud depuis sa naissance et qui croît proportionnellement (« faux » problème), d'un enfant qui dévie tout à coup de sa courbe de croissance et n'y revient pas (« vrai » problème). La phase de détection doit donc être adéquate (voir le chapitre 2) ;
2. *appliquer la bonne solution*. Ainsi, dans le cas d'un « faux » problème, il convient de changer de mentalité et d'accepter la nature. Chaque enfant a un poids qui lui est propre. La courbe du 50e percentile sur les chartes de croissance représente une moyenne. Elle n'est pas un objectif à atteindre pour chaque enfant. Dans le cas d'un « vrai » problème, il faut changer les habitudes de vie… en respectant la nature ! Il convient de prendre plaisir à mieux manger et à bouger davantage, en se concentrant sur l'amélioration de la santé plutôt que sur un poids donné. Oui, il y aura des efforts à faire, de la part de l'enfant comme de la famille. Des prises de conscience seront aussi nécessaires, car, pour changer, il faut savoir quoi changer ; cela va de soi !

Si vous n'êtes pas convaincu de la nécessité d'agir, mieux vaut rencontrer une nutritionniste d'abord seul, sans l'enfant, afin de déterminer la pertinence de l'intervention et de la démarche à suivre. La présence de l'enfant à cette première rencontre pourrait le faire se sentir anormal. Mieux vaut s'entendre sur la stratégie à adopter avant de l'impliquer activement. Toutefois, lorsqu'il n'y a pas de doute, l'enfant est impliqué dès le départ et joue un rôle actif.

UN PEU EST SOUVENT ASSEZ

La rondeur est compatible avec la santé et le bonheur. S'acharner contre elle est le véritable obstacle au bonheur. Cela dit, les excès de poids importants menacent réellement la santé. La bonne nouvelle, c'est qu'il suffit généralement de maigrir un peu pour voir les choses s'améliorer. L'approche avec les enfants et les adolescents est différente de celle qui est utilisée auprès des adultes. Premièrement, certains spécialistes recommandent de ne pas intervenir avant l'âge de trois ans et de ne pas prescrire de perte de poids avant sept ans. Plutôt que de viser un amaigrissement, on vise la stabilisation pondérale. Mais pas du jour au lendemain. Idéalement, on souhaite que l'enfant reprenne contact avec ses signaux de faim et de satiété. Cependant, ce n'est pas un gage de succès, car « il y a souvent une dysfonction de ce côté », comme le souligne Marie-Josée Santerre, nutritionniste à l'hôpital Sainte-Justine de Montréal. On souhaite avant tout l'adoption de comportements alimentaires sains de manière à assurer une croissance et un développement normaux.

L'accroissement de la taille et de la masse maigre qui survient à l'adolescence arrive souvent à normaliser le poids. Il y a toutefois des exceptions. Certaines situations demandent la perte de quelques kilos : quand l'enfant ou l'adolescent présente des signes de complications, notamment un taux de cholestérol élevé ou de l'hypertension artérielle. Le but est alors de réduire ou de corriger ces signes indésirables, afin d'améliorer sa qualité de vie présente et future. L'objectif dépend de l'état de santé et de l'ampleur de l'excès de poids. Une baisse de 5 à 10 % du poids corporel – et son maintien – permet déjà de réduire les risques de maladies à long terme, dont les troubles cardiovasculaires et les accidents vasculaires cérébraux.

CONDITIONS DE SUCCÈS ET GRANDS PRINCIPES

S'il faut changer les mentalités de manière à accepter la diversité de schémas corporels – et donc les enfants plus costauds –, il ne faut pas néanmoins fermer les yeux sur les véritables cas d'obésité. Nous l'avons vu, l'obésité peut entraîner plusieurs complications, et c'est la réduction – ou, mieux encore, l'élimination – de ces complications que l'intervention doit viser. Chez les enfants et les adolescents toujours en croissance, c'est très délicat, car il faut continuer de fournir des apports nutritionnels adéquats afin d'assurer un développement optimal. Les retards de croissance sont un des effets négatifs possibles d'un traitement trop sévère. De même, l'intervention doit prévenir les conséquences psychosociales, psychologiques et émotionnelles comme les troubles alimentaires, l'isolement et la faible estime de soi. De fait, la préoccupation des parents envers le poids de leur enfant peut nuire à son estime de soi.

Avant d'entreprendre des démarches, il faut s'assurer que les conditions de succès sont en place. La plus importante, celle qui se dégage de toutes les études sur le sujet, est la *participation des parents*. Il peut s'agir d'accompagner l'enfant, de participer à des rencontres séparées, de modifier ses propres habitudes de vie, d'acquérir des habiletés pour guider et soutenir l'enfant, etc. Bref, être présent et aimer inconditionnellement l'enfant. Sans cette participation, l'intervention est inutile, voire nuisible. Ensuite, il y a quelques grands principes à respecter :

- À l'aide de la nutritionniste, trouver les facteurs qui contribuent au gain anormal de poids afin d'intervenir là où c'est justifié. Adopter des habitudes de vie – manger et bouger – positives et consistantes ;
- Toujours à l'aide de la spécialiste, instaurer des changements progressifs qui seront efficaces à long terme, plutôt que des changements draconiens qui ne dureront qu'un court laps de temps ;
- Viser l'atteinte et le maintien d'un poids désirable qui tient compte des capacités, des limites et des gènes du jeune, plutôt que d'espérer qu'il devienne mince. Aucune approche ne peut promettre la minceur sans risquer de provoquer l'effet opposé à celui escompté, c'est-à-dire empirer le problème de poids plutôt que le réduire ;
- Requérir la participation d'une équipe multidisciplinaire spécialisée (incluant notamment un psychologue et un médecin) dans certains

cas d'obésité pédiatrique particulièrement complexes. Si votre nutritionniste vous conseille de faire appel à une telle équipe, ce n'est pas par incompétence, au contraire ;

* Adopter une attitude positive et utiliser le renforcement positif (valoriser les efforts et les réussites, notamment). Marie-Josée Santerre mise beaucoup sur l'automotivation de l'enfant en lui posant des questions sur ses sentiments, ses perceptions, ses désirs et ses objectifs ;
* Éviter de mesurer la réussite à l'aide des kilos perdus. L'adoption de comportements sains, l'activité physique faite régulièrement et l'amélioration de l'estime de soi sont aussi des victoires.

Chaque cas est unique. On peut toutefois supposer que le « travail » concret s'effectuera sur les plans suivants :

* Amener l'enfant à percevoir ses signaux internes de faim et de satiété ;
* Amener l'enfant à reconnaître des comportements tels que manger pour se consoler, pour se calmer, pour se récompenser, se cacher pour manger, etc., afin de les corriger. C'est un exercice qui concerne aussi les parents ;
* Éviter les interdits, les restrictions et la classification d'aliments en « bons » ou « mauvais ». Tous les aliments peuvent avoir leur place dans une alimentation équilibrée ; il suffit de leur accorder celle qu'ils méritent : « quotidiens », « occasionnels » ou « d'exception » ;
* Réduire la densité énergétique (voir le chapitre 5), inclure suffisamment de fibres alimentaires – elles influent sur la satiété – et considérer le jus comme une gâterie ;
* Permettre des gâteries à l'occasion. La nutritionniste Marie-Josée Santerre insiste pour les appeler « gâteries », plutôt que « tricheries » (un mot qui a une connotation négative). Dans sa pratique, elle accorde une ou deux gâteries par semaine aux enfants. C'est l'enfant qui choisit. Il a droit à n'importe quoi, mais il doit tout de même être raisonnable. En ce sens, elle a beaucoup d'éducation à faire pour montrer ce qu'est une portion normale. Son truc : impliquer les enfants dans la cuisine et les faire mesurer les quantités d'aliments ;

- Établir une structure alimentaire : horaire, planification des menus, certaines règles comme manger à table, éteindre la télévision, etc. ;
- Instruire le jeune, en fonction de son âge, pour qu'il acquière des connaissances et des habiletés pour choisir et pour préparer les aliments ;
- Amener l'enfant à trouver des activités physiques qui lui plaisent et en faire des sources de valorisation.

Matière à réflexion

Votre enfant veut vous plaire. S'il sent que son corps vous déçoit, il sentira que c'est LUI qui vous déçoit.

DEUX EXEMPLES

Les histoires qui suivent sont inspirées de cas vécus, mais les noms sont fictifs pour protéger l'identité des personnes concernées.

L'histoire de Martine

Martine a huit ans. Elle est heureuse de raconter à Marie-Josée qu'elle fait ses propres lunchs, qu'elle n'a pas été choisie la dernière pour faire partie d'une équipe dans son cours d'éducation physique et que sa maman lui a acheté des jeans *cool*. Ses yeux brillent. « Mission accomplie », se dit Marie-Josée. Ce ne sont pas les jeans qui réjouissent la nutritionniste, c'est la confiance en soi dont fait preuve sa jeune patiente, de même que ses apprentissages et sa prise de responsabilité. Son poids est toujours au-dessus de la moyenne, mais l'objectif n'était pas de l'abaisser en dessous. La victoire est dans l'attitude de Martine, dans son amour-propre, dans la relation positive qu'elle établit avec son corps et avec la nourriture.

Martine avait quatre ans lorsqu'elle est venue rencontrer Marie-Josée pour la première fois à la clinique externe de l'hôpital Sainte-Justine. Elle mesurait 100 cm (3 pi et 4 po) et pesait 27,5 kg (60 lb), ce qui la plaçait au 50e percentile pour la taille et au-dessus du 97e percentile pour le poids. Son IMC pour son âge se situait largement au-dessus du 97e percentile, et avait augmenté de façon draconienne en deux ans. Elle buvait beaucoup de jus, mangeait rapidement, demandait toujours une deuxième assiettée, regardait la télé plusieurs heures par jour et grignotait comme si c'était un passe-temps. Ses parents, qui avaient un surplus de poids eux aussi, se sentaient démunis.

Marie-Josée leur a expliqué qu'il n'était pas question d'imposer un régime à Martine. L'objectif était de freiner, ou même de cesser temporairement, son gain de poids. Elle ne devait toutefois manquer de rien pour soutenir sa croissance. La nutritionniste a donc proposé des stratégies alimentaires pour diminuer l'apport calorique de Martine, mais pas à l'extrême : manger plus de légumes, boire moins de jus (maximum un verre par jour), boire plus d'eau, boire du lait 2 % plutôt qu'entier, etc. Elle leur a parlé de la nécessité d'instaurer un horaire régulier de repas et de collations, de manger lentement et d'écouter son corps. Les parents de Martine se montrèrent très coopératifs. Ils savaient que les changements d'habitudes feraient le plus grand bien à toute la famille.

Au bout d'un an, Martine avait grandi de 6 cm et pris à peine 0,4 kg (moins d'une livre). Son IMC avait diminué. Elle avait cinq ans, respectait mieux son appétit, mais elle était toujours peu active. Marie-Josée a insisté davantage sur l'importance de l'activité physique et discuté avec la petite famille des nombreuses possibilités qui s'offraient à elle de ce côté. En plus d'aller jouer dehors et de marcher au quotidien, les parents de Martine ont décidé de s'équiper pour le vélo (l'été) et la raquette (l'hiver).

À six ans, Martine était active tous les jours, elle écoutait sa faim, mangeait plus lentement et elle cuisinait avec sa maman. Au cours de la dernière année, elle n'avait pas pris de poids. Ses parents étaient fiers des progrès qu'ils avaient faits en famille, et surtout du temps qu'ils passaient ensemble. Ils avaient découvert de nouveaux aliments, de nouvelles façons d'apprêter ceux qu'ils connaissaient et même des talents culinaires cachés ! Tout allait pour le mieux... jusqu'à ce que Martine se fracture une jambe à sept ans. Pendant les six semaines qu'elle a dû porter le plâtre, elle a peu bougé, s'est ennuyée et a grignoté... Conséquence : elle a pris 2,5 kg (6 lb). Il y avait un peu de découragement dans l'air. Heureusement, cela n'a pas duré : une fois la jambe guérie, Martine a rapidement repris ses activités et a perdu 1 kg (2,2 lb) sans aucun sacrifice. La fillette était sur la bonne voie, sur la voie de la santé. Ses parents n'étaient pas seulement derrière elle pour la soutenir et l'encourager, ils étaient avec elle. Et ils le sont encore. D'ailleurs, ils ont eux-mêmes perdu quelques kilos, ils se sentent bien dans leur peau et ont de l'énergie comme jamais auparavant !

Matière à réflexion

L'enfant construit sa confiance en lui avec ce qu'il entreprend et réussit. Un programme amaigrissant dont l'objectif est irréaliste peut s'avérer délétère et engendrer un sentiment d'infériorité chez l'enfant.

L'histoire de Julie

À neuf ans, Julie mesurait 148 cm (près de 5 pi) et pesait 52 kg (114 lb). Sur sa courbe de croissance d'IMC en fonction de son âge, elle se situait au-dessus du 95e percentile. Derrière son problème de poids se cachaient des problèmes de comportement alimentaire. Elle mangeait en cachette – ses parents retrouvaient des papiers de nourriture et des miettes sous son lit et dans ses tiroirs – et elle avalait de grandes quantités d'aliments et de friandises dès qu'elle en avait l'occasion. Les parents de Julie confièrent à Marie-Josée qu'ils étaient inquiets pour leur fille, car elle engraissait sans cesse. Pourtant, ils lui préparaient des repas pauvres en gras et contrôlaient ses portions. Ils cachaient les *chips* et avaient même fait une place dans le garde-manger pour ses collations juste à elle. Ils faisaient tout pour éviter qu'elle ne prenne du poids, où était donc le problème ? Il était là, justement : ils en faisaient trop.

Marie-Josée leur a expliqué qu'en privant un enfant et en lui refusant des aliments que ses proches mangeaient, celui-ci cherche à compenser quand il le peut et est d'autant plus attiré par les aliments interdits. S'ils voulaient que leur fille mange mieux, il fallait eux-mêmes qu'ils améliorent leurs habitudes alimentaires. Pas question de manger du chocolat quand Julie devait manger une pomme, ni de boire une boisson gazeuse quand elle n'avait droit qu'à de l'eau ! Aux repas, toute la famille devait manger la même chose. Il n'y avait pas de place pour les « aliments-régime » ni pour les « aliments-juste-pour-Julie-qui-doit-faire-attention ».

La nutritionniste a donc enseigné aux parents de Julie à modifier graduellement leurs habitudes et leur attitude, à faire de bons achats à l'épicerie, à équilibrer leurs repas, à améliorer leurs recettes, entre autres choses. Avec Julie, la nutritionniste a défini ce qu'étaient des portions normales. C'était plus réaliste que d'essayer d'implanter tout de suite la division des responsabilités. En effet, comme d'autres enfants obèses, Julie avait déjà perdu le contact avec ses signaux internes de faim et de satiété – et ces signes ne reviennent pas du jour au lendemain. Elle l'a encouragée à cuisiner avec ses parents et à participer à la préparation des lunchs. Elle a aussi travaillé sur son comportement : prendre ses repas assise à table, manger plus lentement, faire de l'activité physique et des jeux actifs qu'elle aime, etc. Elle a fixé avec elle des objectifs réalistes et l'a amenée à parler de ses sentiments et de ses bons coups. Parallèlement à cela, Julie voyait aussi un psychologue. Il fallait renverser la vapeur de ses comportements problématiques.

Les rencontres avec la nutritionniste et le psychologue se sont échelonnées sur presque deux ans. Il ne faut pas aller trop vite, car les changements et les résultats rapides sont généralement de courte durée. Il faut prendre le temps d'apprendre. Tout s'est fait progressivement pour que Julie et ses parents deviennent à l'aise avec les nouvelles habitudes. Il n'était pas question de changer temporairement, mais de changer définitivement, car ensemble ils préparaient l'avenir de leur fille. Aujourd'hui, Julie a 11 ans, elle mesure 1,57 m (5 pi 2 po) et pèse 47,6 kg (105 lb). Cela dit, le plus important, ce n'est pas son poids, c'est sa nouvelle vie.

Matière à réflexion

« Si les parents ne sont pas prêts à faire des efforts, à s'impliquer, à modifier les habitudes de toute la maisonnée, oubliez ça ! » soutient Marie-Josée Santerre, nutritionniste à l'hôpital Sainte-Justine.

PRODUITS ET BISTOURI

Les produits pharmacologiques de type coupe-faim ou brûleurs de graisses sont inefficaces à long terme et parfois même dangereux pour les adultes. Il va de soi que les jeunes devraient aussi s'en tenir loin. Quant à l'approche chirurgicale, elle a fait l'objet de peu d'études chez les enfants et les adolescents obèses, et n'est pas souvent recommandée. C'est un sujet très délicat et controversé, mais il s'agit tout de même d'une avenue envisagée dans certains cas d'obésité extrême chez des adolescents.

Matière à réflexion

Les enfants extrêmement obèses n'ont pas de qualité de vie. Ils ne sortent même plus de chez eux.

Il existe plusieurs types de chirurgies de réduction de l'estomac. Selon le médecin Sarah Bouchard, chirurgienne à l'hôpital Sainte-Justine, il semble que l'intervention chirurgicale qui consiste à installer un anneau de silicone autour de l'estomac, de manière à réduire son volume de façon draconienne, soit la méthode de préférence en pédiatrie. « Préférence » est un bien grand mot, puisqu'on souhaite évidemment ne jamais en arriver là. Mais des adolescents extrêmement obèses, il en existe. Des ados qui ont besoin d'aide pour se lever, pour marcher, pour se laver et pour aller à la toilette, ce n'est pas de la fiction. « On ne voit pas à quel point ces jeunes-là sont mal pris, car ils ne sortent pas de chez eux. Ils ne vont plus à l'école, n'ont plus de fonctionnement social, n'ont pas d'amis… », comme le faisait remarquer le Dr Bouchard, lors d'une conférence devant des professionnelles de la santé. Perdre du poids de manière conventionnelle est presque illusoire pour ces jeunes, et la chirurgie est parfois leur seule porte de salut. La probabilité qu'ils conservent un surplus de poids important est forte, mais ils retrouvent néanmoins une certaine qualité de vie.

Passer au bistouri, c'est sérieux et c'est grave. L'admissibilité ne se fait pas à la légère et la préparation s'échelonne sur plusieurs mois. Parmi les nombreux critères pris en compte, le candidat à la chirurgie doit, entre autres, avoir fini de grandir, être apte à prendre une décision de cette importance, avoir au préalable suivi, sans succès, une diète supervisée, bénéficier du soutien familial, et s'engager à long terme, car l'opération n'est pas une fin. Au contraire, elle n'est que la pointe de l'iceberg. De multiples préoccupations postopératoires justifient une rééducation sur les plans de l'alimentation, de l'activité physique, et psychosocial, notamment. Toutes les habitudes de vie sont à revoir et il faut surveiller l'état de santé assidûment, car des complications ou des carences nutritionnelles sont possibles. Décidément, il n'existe aucune solution facile…

Troisième partie

DES SOLUTIONS, ET VITE !

Chapitre 12
TOUS CONCERNÉS

SE SERRER LES COUDES

L'obésité trouve son origine dans de nombreuses causes. Il va donc de soi qu'il y ait aussi plus d'une piste de solutions. Mais pour que ces solutions soient efficaces et que le message qui est véhiculé aux jeunes soit constant, il faut que plusieurs agents de changement travaillent de concert. Ce travail d'équipe est primordial, car si la prévention du surpoids chez les jeunes est en partie l'affaire des parents, leurs efforts ne peuvent pas combler les énormes lacunes et incongruités de l'environnement.

Contrer l'épidémie d'obésité est une tâche colossale, qui exige des changements non seulement à l'échelle individuelle, mais aussi sur le plan sociétal. Pour que vos efforts en tant que parent ne soient pas qu'un coup d'épée dans l'eau, ils doivent être facilités et soutenus par tout ce qui gravite autour de vos jeunes. On pense à l'école, bien sûr, mais idéalement à toute la communauté où les enfants évoluent avec vous. On pense aussi aux entreprises qui influencent la disponibilité (ou la non-disponibilité) des aliments et leur coût. On pense enfin aux divers paliers gouvernementaux qui gèrent notamment les programmes d'éducation, les installations et les incitatifs encourageant l'activité physique ainsi que les modes de transport actifs, et plus encore.

À L'ÉCOLE

Après la famille, l'école est certainement le milieu qui a le plus d'influence sur nos enfants. Au Québec, nous ne pouvons que nous réjouir de la nouvelle politique-cadre que le ministère de l'Éducation, du Loisir et du Sport (MELS) a annoncée en septembre 2007 (voir à la page 170). Les mesures entreprises pour améliorer la qualité de l'alimentation chez les jeunes et pour les inciter à bouger davantage sont essentielles, mais il n'y a pas qu'à la cafétéria et dans les cours d'école qu'on puisse faire quelque chose...

Bien manger pour mieux apprendre

Les aliments permettent non seulement aux enfants de grandir et de se développer, ils les aident aussi à mieux se concentrer et à avoir de bons résultats à l'école. En effet, les études l'ont montré hors de tout doute : les jeunes qui ont une bonne alimentation sont généralement plus calmes, attentifs et disposés à l'apprentissage. Pourtant, encore beaucoup de jeunes – d'ados, principalement – partent à l'école le ventre vide. On ne le répétera jamais assez, le petit-déjeuner est primordial pour bien entamer la journée. Il permet d'activer le métabolisme qui était au ralenti durant la nuit, et fournit de l'énergie au cerveau et aux muscles. En fait, tous les repas sont importants, car les conséquences d'une mauvaise alimentation sur la performance scolaire sont bien réelles. Les élèves mal nourris sont plus souvent absents, moins aptes à se concentrer, ont de moins bons résultats scolaires, et ont plus tendance à manifester des problèmes de comportement. La mauvaise alimentation se répercute aussi sur leur forme physique en affectant directement leur niveau d'énergie, donc d'activité.

Enseigner la santé : la recette du succès

Pourquoi devrait-on offrir un programme nutritionnel dans toutes les écoles ? D'abord parce que la majorité des petits Québécois fréquentent l'école et qu'ils y passent le plus clair de leur temps. Ensuite, parce que l'école est comme un terrain d'exercice avant la vie adulte : les enfants commencent à y exercer certains choix sans leurs parents. De plus, les enfants s'identifient beaucoup à leurs pairs. Ainsi, en leur donnant un même message sur l'alimentation et l'activité physique, les chances qu'ils reproduisent des comportements souhaitables sont d'autant plus grandes qu'ils s'imitent les uns les autres. L'école offre également des ressources – enseignants, services de santé, nutritionniste (parfois) – qui travaillent en synergie pour aider les élèves et promouvoir un mode de vie sain. Finalement, plusieurs études ont montré que les bons programmes nutritionnels à l'école parvenaient à augmenter la pratique de l'activité physique, à améliorer les habitudes alimentaires et à ralentir la prise de poids excessive. On dit bien « bons programmes », car ce ne sont pas tous les programmes nutritionnels qui fonctionnent. L'approche préconisée et le contenu de la matière enseignée aux enfants ne peuvent pas être laissés au hasard. Voici quelques caractéristiques gagnantes :

1. *Promouvoir un mode de vie sain* avant tout, avec pour but premier d'améliorer les habitudes de vie. Il ne faut pas tenter de faire perdre du poids à tout prix, car cela risquerait de complexer et d'isoler certains enfants. Un bon programme ne vise pas simplement la prévention de l'obésité ; il s'adresse à tous les enfants et touche l'ensemble de leurs habitudes de vie. Lorsque cela est nécessaire chez certains enfants, la perte ou la stabilisation du poids est une suite logique et non forcée des modifications de comportements. Les intervenants peuvent aborder les régimes amaigrissants d'un angle critique et parler des désordres alimentaires. Le programme en soi n'est pas basé sur les restrictions ou les interdictions. De même, on évitera la classification dichotomique (« bons » et « mauvais ») des aliments, car l'alimentation est un tout. Elle n'est par ailleurs pas le seul élément important. L'activité physique et l'image de soi sont également incontournables.
2. *Présenter de nouveaux aliments* de façon amusante aux élèves et les aider à *développer leurs habiletés culinaires*. Les habiletés culinaires sont associées à une alimentation de meilleure qualité, notamment à la consommation de fruits et de légumes par les adolescents et les individus à faible revenu. Cuisiner avec les enfants est aussi une bonne manière de les faire participer tout en ayant du plaisir.
3. *Instaurer des mesures concrètes.* La théorie, c'est bien beau, mais c'est la pratique qui change les choses. Les enfants doivent pouvoir exercer leurs nouvelles connaissances. Le milieu scolaire doit offrir des aliments sains et favoriser l'activité physique quotidienne. Nous devons être cohérents et constants dans nos messages aux enfants. C'est essentiel. Le milieu scolaire doit refléter ce qui est enseigné en classe si l'on veut influencer les habitudes des enfants. Par exemple, lorsque l'enseignant vante les mérites des produits céréaliers de grains entiers, les enfants doivent pouvoir en trouver

à la cafétéria. On doit aussi y offrir des menus santé et, bien sûr, bons au goût. Ces deux notions sont compatibles. Des repas colorés, bien présentés, à base d'ingrédients et d'aliments de qualité peuvent obtenir la faveur des jeunes; des écoles en ont déjà fait la preuve. Le milieu doit aussi inciter les jeunes à bouger en offrant, par exemple, des programmes sportifs, de l'équipement, des installations, des clubs sportifs et des activités parascolaires. Concernant l'image de soi, on peut instaurer un programme comme *Bien dans sa tête, bien dans sa peau* (dont je traiterai plus loin), qui aborde cette dimension extrêmement importante.

4. *Être soutenu par le milieu.* L'implication de plusieurs organismes et personnes – psychologue, nutritionniste, infirmier, services de santé publique, organismes communautaires, entre autres – qui ont à cœur la santé des jeunes est un atout. La communauté a également sa part à faire, notamment en ce qui a trait aux espaces récréatifs – parcs, terrains de jeux, pistes de vélo, sentiers de randonnée – et aux trottoirs pour se rendre à l'école de façon sécuritaire. Il serait même rêvé – c'est permis, non? – que les commerçants du quartier se joignent aux rangs en modifiant leur marchandise.
5. *La pub à la poubelle.* En plus d'inclure des choix santé au menu de la cafétéria et d'offrir des installations pour faire de l'activité physique, une école peut s'impliquer en respectant certaines politiques en matière de publicité s'adressant aux enfants. En fait, elle devrait carrément rejeter toute publicité. Au Canada, environ 28 % des écoles primaires et 55 % des écoles secondaires ont des affiches publicitaires ou des distributrices qui publicisent certains produits. On peut se féliciter que le Québec fasse exception. C'est en effet la seule province canadienne ayant des mesures législatives pour limiter la publicité et l'influence commerciale chez les jeunes. La Loi sur la protection du consommateur prescrit que « nul ne peut faire de la publicité à but commercial destinée à des personnes de moins de treize ans ». De plus, la Loi sur l'instruction publique du Québec interdit aux commissions scolaires de recevoir « des dons, legs, subventions ou autres contributions auxquels sont rattachées des conditions qui sont incompatibles avec la mission de l'école,

notamment des conditions relatives à toute forme de sollicitation de nature commerciale ». Concrètement, cela signifie que des programmes comme le *Défi olympique de bonne forme physique : Je m'active !*, parrainé par McDonald's, et *Moi, je lis !*, de Pizza Hut, ne sont pas autorisés dans les écoles québécoises, alors qu'ils le sont ailleurs au pays. Par de tels programmes, les « généreuses » entreprises offrent aux écoles participantes un financement ou du matériel de gymnase ou encore des livres. Évidemment, elles savent pertinemment que les enfants s'identifient très tôt à des marques et qu'ils y restent longtemps fidèles…

38

40 MOYENS D'AIDER VOTRE ENFANT

Par la voie du comité de parents, faites part aux dirigeants de l'école de votre enfant que vous aimeriez qu'on y enseigne les bases d'une saine alimentation. Et pourquoi pas quelques cours de cuisine ?

Coup de chapeau !

S'attaquer au fléau de l'obésité nécessite plusieurs personnes, qui agissent sur plusieurs fronts… et qui ont besoin de beaucoup de fonds ! Voici quelques initiatives déjà entreprises dans des écoles du Québec. La liste n'est pas exhaustive, car elle vise simplement à souligner le pas dans la bonne direction de certains décideurs ou groupes, à inspirer ceux qui sont à l'étape de la réflexion et à vous montrer qu'il y a de la lumière au bout du tunnel. Pour que les choses bougent, soyez assuré que votre implication, vos demandes et la pression que vous exercerez seront en mesure de créer un mouvement de masse, comme une énorme vague sur laquelle les autorités n'auront d'autre choix que de surfer ! Place aux acteurs.

Les Ateliers cinq épices

Cet organisme communautaire sans but lucratif vise à enrichir les connaissances nutritionnelles et à améliorer les habiletés culinaires des enfants afin de favoriser leur santé et leur épanouissement. Il œuvre aussi auprès des parents afin d'établir des réseaux d'entraide et d'intégration.

Le projet-pilote *Petits Cuistots – parents en réseaux* implanté dans huit écoles primaires de quartiers défavorisés de Montréal rejoint plus de 2270 enfants et leur famille chaque année. Les Ateliers cinq épices offrent même des services aux centres de la petite enfance (des ateliers découvertes, des repas communautaires avec les parents et la révision des menus), car il n'est jamais trop tôt pour commencer.

Le volet *Petits Cuistots* est composé de huit ateliers de cuisine-nutrition offerts annuellement. Il s'adresse aux élèves de la maternelle à la 6e année qui, à la fin de leur primaire, auront accumulé environ 175 heures d'éducation nutritionnelle et culinaire. Les thèmes, les activités et les recettes proposés dans les ateliers sont adaptés au niveau scolaire, en plus d'être continuellement bonifiés et actualisés. Mois après mois, ils contribuent à augmenter l'intérêt des enfants pour la préparation des aliments et à soutenir leur motivation à l'égard de la nutrition. Des nutritionnistes sont chargées de concevoir et d'animer les ateliers, en collaboration avec l'enseignant et des parents-bénévoles. Quant aux enfants, ils sont impliqués activement, puisqu'ils participent aux discussions, aux activités et exécutent eux-mêmes les recettes. En plus d'accroître leurs habiletés culinaires, les ateliers contribuent aussi à les valoriser et à améliorer leur estime de soi. Puis, au moment de partager le repas qu'ils ont eux-mêmes préparés, les intervenants leur inculquent des règles de bienséance, et les invitent à commenter (de manière constructive) leur réalisation.

Le second volet du projet s'adresse aux parents des *Petits Cuistots* et, par ricochet, bénéficie aussi aux enfants. Il suscite leur participation, stimule leur intérêt face aux apprentissages nutritionnels, et favorise leur intégration sociale (il y a plusieurs immigrants), notamment. Les activités peuvent prendre la forme, par exemple, d'une cuisine communautaire où des parents sont invités à partager leur culture et des recettes, ou de sorties diverses (cueillette de pommes et de courges, cabane à sucre amérindiennes, visite d'une ferme, etc.).

Le projet *Petits Cuistots – parents en réseaux* fonctionne bien et est très apprécié des enfants et des parents. Les Ateliers cinq épices souhaitent offrir leurs services à plus d'écoles et de familles, mais leurs moyens financiers ne sont pas à la hauteur de leurs ambitions, pour l'instant. Parlez-en tout de même à la direction de l'école de vos enfants ou à vos dirigeants politiques, puisque, avec de l'intérêt (et de l'argent), tout est possible! En attendant de pouvoir offrir leur programme à plus grande échelle ou de publier leur propre recueil de recettes, Les Ateliers cinq épices ont généreusement accepté d'en partager quelques-unes avec nous (je l'indique chaque fois). Ce sont des recettes élaborées par leurs nutritionnistes et approuvées par des centaines d'enfants! Elles sont conçues non seulement pour leur plaire, mais également pour qu'ils les préparent. Aidez votre enfant ou laissez-le vous aider: l'important est qu'il participe!

Le groupe d'action sur le poids ÉquiLibre

Grâce à son programme *Bien dans sa tête, bien dans sa peau*, le groupe d'action sur le poids ÉquiLibre aborde les questions du poids et de l'image corporelle en milieu scolaire. Ce programme s'adresse principalement aux élèves du secondaire, mais aussi aux adultes qui gravitent autour d'eux: les enseignants, le personnel de l'école et les parents. Il vise la prévention des problèmes de poids (notamment l'obésité et l'obsession de la minceur) en amenant les jeunes – et les moins jeunes – à se faire une image corporelle saine et à adopter de bonnes habitudes de vie. Il aide aussi à poser un regard critique sur les modèles de beauté promus dans la société. Sa philosophie: promouvoir l'estime de soi et la santé peu importe son format corporel. Le programme favorise l'acquisition d'attitudes et de comportements sains non seulement à l'égard du poids et du corps, mais aussi à l'égard de l'alimentation et de l'activité physique. Il y est donc question de santé globale.

Bien dans sa tête, bien dans sa peau comprend une trousse d'implantation fournissant de l'information, des activités et des outils que les écoles peuvent se procurer auprès de l'organisme. Comme point de départ, il faut qu'un directeur (ou un enseignant, une infirmière ou même un parent) se procure la fameuse trousse. Puis, généralement, un comité se forme dans l'école et construit son plan d'action en choisissant des activités parmi la cinquantaine offerte. La banque d'activités comprend des formations aux adultes afin qu'ils comprennent mieux ces problèmes et interviennent adéquatement, des activités pédagogiques intégrées au contenu des cours, des événements parascolaires, des concours ou des compétitions, des kiosques d'information ou des suggestions pour modifier l'environnement scolaire ou communautaire (installation de supports à vélo, ouverture du gymnase à l'heure du lunch, partenariat avec la cafétéria, etc.). C'est ainsi que les activités sont adaptées aux différents milieux et organisées à leur convenance.

Plus d'une centaine de milieux dans la province ont commandé la trousse *Bien dans sa tête, bien dans sa peau* – ou *BTBP*, comme l'appellent ses créateurs. Il n'y a pas d'évaluation conduite systématiquement pour mesurer l'ampleur des changements, mais les témoignages adressés à l'organisme ÉquiLibre laissent entendre que les pensées, les attitudes et les comportements évoluent grâce à *BTBP*. En fait, ce programme aurait un impact positif non seulement sur la perception de l'image corporelle, mais aussi sur les préjugés, la violence et l'acceptation des différences culturelles. Autre preuve qu'il est apprécié par les utilisateurs : des demandes fusent maintenant des milieux primaire et préscolaire pour la création d'outils adaptés aux petits. Renseignez-vous sur son implantation à l'école de votre enfant ; s'il n'y est pas présenté, soyez celui qui en parlera !

La commission scolaire Marguerite-Bourgeoys

La commission scolaire Marguerite-Bourgeoys de Montréal, à l'instar d'autres commissions scolaires montréalaises ou québécoises, a une politique alimentaire bannissant, notamment, la friture, les boissons gazeuses, les boissons aux fruits et les friandises de ses cafétérias et de ses distributrices. Là où elle se distingue de plusieurs autres, c'est par son volet d'éducation à la nutrition. On y offre des formations aux enseignants et aux infirmières afin qu'ils disposent de connaissances de base pour contrer certains mythes et parler de divers sujets. Avec les profs du secondaire, on aborde aussi les questions de l'image corporelle, de la publicité, des chirurgies esthétiques, bref on les outille pour aider les jeunes à développer un esprit critique. Les élèves de 5e et de 6e année, pour leur part, ont la possibilité de participer à des ateliers de cuisine.

Les nutritionnistes de la commission scolaire élaborent du matériel pédagogique et des activités adaptés à tous les groupes d'âge, pouvant être intégrés à toutes les matières, sans oublier des concours, toujours populaires ! Elles distribuent même, quelques fois par année, un petit bulletin contenant de l'information et des conseils pratiques destinés aux parents. Les nutritionnistes sont par ailleurs disponibles pour encadrer et soutenir les enseignants, au besoin. L'éducation nutritionnelle a beau être volontaire, elle intéresse toujours plus d'enseignants chaque année, au dire de Johanne Groleau, la nutritionniste responsable. D'ailleurs, une récente étude québécoise confirme que la majorité des enseignants sondés sont d'avis que l'école devrait allouer plus de temps à l'éducation en nutrition.

Sport étudiant

La Fédération québécoise du sport étudiant vise à favoriser l'éducation physique et la santé des jeunes Québécois. Dans cette optique, elle organise des activités afin de promouvoir la consommation de fruits et de légumes auprès des jeunes. Au primaire, c'est le défi *Moi, j'croque* qui invite les élèves, les parents et le personnel de l'école à participer à une quête de cinq jours pendant laquelle la mission consiste à manger au moins cinq fruits et légumes par jour. Au secondaire, c'est le défi *Pelure de banane* qui invite les adolescents à organiser une activité encourageant la consommation de fruits et de légumes. Les projets les plus originaux sont récompensés par la livraison à leur école d'un camion rempli de bananes ! Les défis ne durent qu'une semaine, mais le site Internet de la fédération fournit des dizaines d'idées d'activités à faire toute l'année. Toutes les occasions sont bonnes pour promouvoir les fruits et les légumes.

À vous de jouer !

En tant que parent, connaissez-vous les réponses à ces cinq questions ?

1. Est-ce que l'école que fréquentent mes enfants a des politiques nutritionnelles ?
2. Qui décide des menus à l'école ?
3. Qui décide de ce qui est vendu dans les distributrices ou dans le magasin scolaire ?
4. Combien d'heures d'activité physique par semaine font mes enfants ?
5. Comment y enseigne-t-on la saine alimentation ? Y a-t-il des feuillets d'information disponibles ?

N'hésitez pas à appeler votre école pour obtenir ces informations. N'hésitez pas non plus à donner votre opinion ou à faire des suggestions.

39

40 MOYENS D'AIDER VOTRE ENFANT

Informez-vous sur les activités en relation avec l'alimentation, organisées par le service de garde ou l'école. Dites que vous en voulez.

Un programme nutritionnel est déjà implanté à l'école de votre enfant ? Super ! Mais n'oubliez pas que vous avez aussi un rôle à jouer, car il est important que les messages de l'école et de la famille soient cohérents. Une saine alimentation à la maison, un mode de vie actif et votre exemple sont tous des éléments qui renforcent les apprentissages scolaires. De plus, vous serez sans doute appelé à goûter ou à essayer des recettes et des aliments que votre enfant ramènera de l'école. Peut-être même organisera-t-il des projets ou des présentations sur l'alimentation. Certaines écoles invitent parfois les parents pour des activités. Que vous participiez activement ou que vous soyez un observateur attentif, votre simple présence témoigne de votre intérêt et est significative pour votre enfant.

40

40 MOYENS D'AIDER VOTRE ENFANT

Participez, comme parent-bénévole, aux activités à l'école de votre enfant ou assistez aux événements.

La Société suisse de nutrition

Qui a dit qu'il fallait attendre que les enfants aient commencé l'école – ou ne compter que sur l'école – pour leur apprendre les bases de l'alimentation ? La Société suisse de Nutrition a mis sur pied NUTRIKID^{MD}. Ce matériel éducatif comprend des histoires, des jeux, des activités, un petit vidéo et un CD-ROM destiné à servir tant à la maison qu'au jardin d'enfants ou à l'école. Voilà une belle façon de joindre l'utile à l'agréable ! Même s'il est conçu en Suisse, le matériel est vendu en ligne, donc accessible à tout le monde [www.nutrikid.ch]. Il est apprécié en Suisse mais aussi dans d'autres pays qui en ont demandé les droits de reproduction, puisque les documents originaux sont disponibles en français, en allemand et parfois en italien.

À L'AGENDA DES GOUVERNEMENTS

À chaque campagne électorale, on nous serine que la santé est une priorité. Même si la santé, dans des discours politiques, rime avec hôpital plus qu'avec prévention, il existe des programmes nationaux faisant la promotion de l'activité physique ou de la saine alimentation. C'est le cas notamment de *Vas-y, fais-le pour toi!* (du gouvernement provincial) ou de *ParticipAction* (soutenu par le gouvernement fédéral). Le gouvernement canadien offre aussi, depuis janvier 2007, un crédit d'impôt pour la condition physique des enfants, une mesure qui aide les parents à payer les frais liés aux activités sportives. On ne peut pas dire que nos décideurs politiques sont complètement inactifs, mais on peut tout de même espérer plus de leur part. Les divers paliers gouvernementaux pourraient s'impliquer davantage, par exemple en:

- accordant une place importante à l'éducation à la santé et à l'activité physique lors de l'élaboration des réformes scolaires;
- construisant plus d'installations (ou en entretenant celles existantes) permettant aux familles de bouger quotidiennement, dont des pistes cyclables pour que les enfants puissent aller à l'école en vélo;
- finançant davantage les producteurs de fruits et légumes afin de diminuer les coûts d'achat pour les consommateurs.

Un gros projet

Au cours des prochaines années, on devrait voir plusieurs changements de cet ordre, puisque c'est la mission du *Plan d'action gouvernemental de promotion des saines habitudes de vie et de prévention des problèmes reliés au poids 2006-2012 – Investir pour l'avenir*. Par cette initiative, le gouvernement du Québec, en partenariat avec la Fondation Lucie et André Chagnon, s'engage à verser une somme minimale de 200 millions de dollars sur 10 ans, dans le but d'améliorer la qualité de vie des Québécois. Le plan d'action interpelle les décideurs de manière à modifier l'environnement sur des aspects aussi variés que l'offre alimentaire, la taille des portions, les incitatifs à être actif, etc. La coordonnatrice du plan, Lyne Mongeau, une spécialiste de la nutrition publique réputée et respectée, prédit que seront organisées diverses interventions autour des axes de l'alimentation, de l'activité physique, des normes sociales, de l'aide aux personnes avec un surplus de poids, ainsi que de la recherche et du transfert des connaissances. Il reste à voir comment ces belles paroles et ces promesses se traduiront en actions, et surtout quels résultats elles généreront...

La politique-cadre du Québec

À plus petite échelle, au Québec, c'est le ministère de l'Éducation, des Loisirs et du Sport (MELS) qui a récemment annoncé sa politique-cadre visant à améliorer les habitudes alimentaires et la pratique de l'activité physique des jeunes. Ce faisant, le MELS incite les responsables des établissements scolaires à adopter des mesures concrètes, par exemple faire place à une variété de fruits et de légumes, privilégier les produits céréaliers à grains entiers, adopter des modes de cuisson n'utilisant pas ou que très peu de matières grasses (donc éviter la friture), éliminer les boissons gazeuses (sucrées ou avec substituts de sucre) et celles avec du sucre ajouté, offrir une gamme élargie d'activités physiques, et mettre à la disposition des jeunes du matériel en bon état, sécuritaire et en quantité suffisante. D'autres orientations impliquant des partenariats avec la communauté et avec les parents sont également proposées.

Par ailleurs, le MELS prodigue des conseils pour réussir l'implantation de la politique-cadre et souhaite faciliter les démarches des différents milieux scolaires, notamment à l'aide de l'enveloppe budgétaire prévue à cet effet. La balle est maintenant dans le camp des dirigeants des commissions scolaires, des écoles et des services de garde. Souhaitons que ceux qui craignent que les adolescents ne désertent les cafétérias en faveur des restaurants environnants ou encore qu'il n'apparaisse un « marché noir » de la malbouffe dans les écoles aient tort...

Le modèle français

Les Français n'échappent pas, eux non plus, aux problèmes de surpoids. Comme nous, ils cherchent à limiter les dégâts. Leur gouvernement a déjà réagi en instaurant le programme EPODE (*Ensemble, Prévenons l'Obésité Des Enfants*), un projet de prévention lancé dans plusieurs villes françaises afin de contrer la prise de poids excessive des jeunes âgés de 5 à 12 ans. Un des points majeurs de ce programme est qu'il sollicite toute la communauté. Lorsqu'une famille d'aliments est mise à l'honneur, tous les acteurs de la société s'allient pour en promouvoir la consommation. Dans les écoles, on remet des documents pédagogiques pour les enseignants et on met ces aliments en valeur à la cafétéria. Ces mêmes informations sont distribuées partout dans les médias, dans les journaux locaux et dans les lieux publics. On en fournit aux médecins et aux pharmaciens, et on sollicite même les acteurs économiques. Les restaurateurs participent notamment en élaborant des menus spéciaux, et les distributeurs, en offrant des promotions.

Du côté de l'activité physique, des parents organisent, par exemple, des groupes de marche avec les enfants pour se rendre à l'école de façon sécuritaire, et des associations sportives locales favorisent l'organisation de loisirs. Toutes ces initiatives sont offertes à l'échelle locale afin de coller véritablement à la réalité et aux besoins des gens. N'est-ce pas une belle source d'inspiration ?

Par ailleurs, le *Programme national nutrition-santé* (PNNS) de la France s'est lui aussi fixé l'objectif d'interrompre l'augmentation de la prévalence de l'obésité chez l'enfant. Sa démarche en est une de prévention, mais aussi de prise en charge. Comme pour le programme EPODE, les Français misent une fois de plus sur un maillage étroit entre les médecins, les diététistes, les psychologues, les parents, les éducateurs, les enseignants et les autres acteurs et décideurs pouvant influencer la santé. La première étape consiste à mobiliser et à réunir une brochette de personnes concernées par la problématique. De nombreux réseaux s'organisent afin d'adapter leurs interventions aux réalités locales. Ensuite, on élabore et diffuse de l'information et des outils aux parents, aux enseignants et aux infirmières scolaires en contact tous les jours avec les enfants afin d'assurer l'éducation et le dépistage précoce des problèmes de poids. On crée des ponts entre des organismes et des milieux hospitaliers afin d'unir les efforts, les connaissances et les compétences plutôt que de les cloisonner. On s'allie également à des partenaires financiers.

C'est un travail de longue haleine auquel collaborent plusieurs personnes et qui profite aussi à plusieurs. Qui plus est, un appel est lancé à toutes les associations, les fondations, les organismes publics ou privés, les entreprises ou les collectivités désirant soumettre des initiatives à l'Institut National de Prévention et d'Éducation pour la Santé pour recevoir le logo du PNNS. Ainsi, toujours plus d'actions et de documents conformes aux objectifs et aux principes du PNNS sont mis de l'avant et utilisés.

Le modèle belge

Dans son *Plan national nutrition-santé pour la Belgique* (PNNS-B), le gouvernement belge décrit 60 actions concrètes visant l'amélioration de l'état de santé de sa population. De celles-ci, plusieurs ont trait à la santé des enfants, en passant notamment par la formation des enseignants, l'éducation des enfants et des familles, la responsabilisation des tenanciers de cafétérias scolaires, des restaurateurs et des fabricants alimentaires, et par l'instauration d'un mode de vie sain en milieu scolaire. Ces actions coordonnées au niveau national visent des objectifs spécifiques et ont un échéancier précis.

D'autres initiatives prises ici et là dans le pays peuvent s'y ajouter et porter elles aussi le logo du PNNS-B (si elles répondent aux critères) afin que les gens sachent qu'elles sont cohérentes et fiables. La sensibilisation de la population ainsi que l'engagement des acteurs sociétaux et du secteur privé sont au cœur du plan gouvernemental, puisque c'est primordial pour susciter des changements de comportements et de cadre de vie durables. D'ici 2010, tout aura été mis en œuvre ; les autorités belges devraient même avoir évalué leur plan… et la santé de leurs gens !

Les Belges connaissent aussi le programme VIASANO, qui est en fait l'extension du programme français EPODE. Forte de l'expérience de sa voisine, la Belgique a lancé cette opération dans deux villes (Hasselt et Mouscron). Fondée sur l'implication de la communauté pour la communauté, elle invite les acteurs locaux à agir en synergie pour donner aux familles l'envie et les moyens d'améliorer leur mode de vie et leur santé. L'approche est progressive, positive, concrète et adaptée aux populations cibles. De la formation des intervenants jusqu'aux changements apportés dans les cours de récréation, en passant par la création d'outils pédagogiques, l'amélioration de la restauration scolaire et collective et les campagnes publicitaires, tout est mis en branle dans un objectif : manger mieux et bouger plus. Mais pas n'importe quoi ni n'importe comment. Un comité d'experts national et indépendant est chargé d'assurer le bien-fondé scientifique des actions menées. Comme EPODE, gageons que VIASANO « fera des petits »…

Le modèle suisse

L'Office fédéral de la santé publique et la fondation Promotion Santé Suisse sont d'avis que les efforts visant à prévenir l'excès de poids doivent porter sur la famille, l'école et la société. C'est pour cette raison qu'ils ont créé *Suisse Balance*, un programme qui élabore et soutient des mesures concernant le plaisir de l'activité physique quotidienne, l'alimentation équilibrée et le poids corporel sain. Comme on le sait, l'argent fait souvent toute la différence entre un beau projet sur papier et une action concrète. *Suisse Balance* soutient financièrement une dizaine de projets qui rejoignent chaque année des milliers d'enfants, d'adolescents et de familles suisses. En voici quelques exemples :

- *Tacco & Flip* s'adresse aux enfants de jardins d'enfants et d'écoles primaires, ainsi qu'à leurs parents et à leurs enseignants. Pour les petits, on met sur pied des activités ludiques et pour leurs parents, on organise des rencontres d'information et des échanges. Pour ce qui est du personnel, on offre de l'encadrement et du perfectionnement ;
- *Schtifti Freestyle Tour* prend la forme d'une tournée dans les écoles. Dans le cadre d'une journée découverte sur les thèmes de l'alimentation et de l'activité physique, les enfants et les adolescents sont initiés à des disciplines à la mode (par exemple : *breakdance*, planche à roulettes, aki) et à des ateliers culinaires par des profs dynamiques et populaires. Même si la brigade de Schtifti n'est que de passage, les activités suscitent un engouement tel chez les jeunes qu'elles suffisent à influencer leur mode de vie ;
- *Santéscalade* est une série de séances d'entraînement visant à faire découvrir les joies du sport et d'une bonne alimentation par des activités ludiques. Les enfants de 6 à 12 ans sont les premiers visés, mais toute la famille est invitée à participer. Outre la promotion d'un mode de vie sain, ces séances d'entraînement ont pour objectif de préparer à la course de l'Escalade, qui a lieu tous les ans à Genève. Cette course amicale et familiale de 2 à 8 km, avec ses participants déguisés, ses spectateurs et ses exposants sous le chapiteau, prend d'ailleurs beaucoup plus des allures de fête que de compétition.

VILLES ET QUARTIERS

Les projets mis sur pied localement sont généralement moins lourds et fastidieux que ceux créés à l'échelle nationale. Ils sont surtout plus à notre portée, comme parents et citoyens. Par ailleurs, simplement par leur proximité, ils rejoignent les gens parfois davantage et suscitent un sentiment d'appartenance. Il suffit que l'organisateur soit une personne impliquée dans sa communauté ou qu'il ait un bon réseau de relations pour que les activités fassent parler d'elles aux quatre coins du quartier ou même de la ville.

Nul besoin d'une structure organisationnelle compliquée ou de députés pour que les choses bougent ! Vous et moi sommes capables de solliciter quelques commerçants, de demander des permissions à la ville au besoin, de recruter des experts, d'apposer des affiches annonçant un projet et d'en parler dans un journal local ou de quartier afin de rassembler des gens. Organiser des ateliers de cuisine, des cours ou des conférences sur l'alimentation, des compétitions sportives amicales, des clubs de marche ou d'autres sports, des groupes d'échange et d'entraide ou quoi que ce soit d'autre, ce n'est pas si compliqué quand on y pense. Cela nécessite du travail – souvent bénévole – bien sûr, car rien ne bouge tout seul, mais la récompense est grande quand on voit les participants y prendre goût et les enfants être fiers d'eux.

Matière à réflexion

S'impliquer, c'est faire la différence.

En Abitibi, dans mon pays...

Je me souviens des étés au cours desquels un triathlon était organisé à Lebel-sur-Quévillon, ma ville natale en Abitibi. C'était une compétition amicale à laquelle participaient des équipes de trois personnes (une pour chaque discipline : nage, vélo et course). Des sportifs de tout acabit y prenaient part, même des gens généralement peu actifs. C'était fascinant de voir tous ces enfants et ces adultes avoir du plaisir à bouger la journée de l'événement ! Mais le plus fantastique, c'est qu'ils ne bougeaient pas seulement en cette date particulière ; auparavant, ils s'entraînaient pendant des semaines pour être en forme et fin prêts pour la compétition. Bref, un seul événement les motivait à faire du sport et c'était parfois assez pour faire naître une habitude. Les organisateurs de quelques épisodes de ce fameux triathlon étaient des bénévoles dévoués et des parents attentionnés qui savaient encourager leurs enfants à bouger : c'étaient mes parents. C'est l'exemple que je connais le mieux, puisque c'est le mien.

Cela dit, ce genre d'événement peut s'organiser (ou s'organise déjà) aux quatre coins de la province. N'attendez pas les changements, provoquez-les !

30 RECETTES POUR TOUTE LA FAMILLE

PETITS-DÉJEUNERS

Granola ensoleillé (recette des Ateliers cinq épices)

Donne 450 g (5 tasses) ou environ 10 portions de 45 g (½ tasse)

270 g (3 tasses) de flocons de céréales (avoine, orge, seigle, etc.)
90 g (¾ tasse) de noix de coco non sucrée
50 g (⅓ tasse) de lait en poudre
30 g (⅓ tasse) de germe de blé
30 g (⅓ tasse) de son d'avoine
⅛ c. à café (⅛ c. à thé) de muscade moulue
⅛ c. à café (⅛ c. à thé) de gingembre moulu
½ c. à café (½ c. à thé) de cannelle moulue
2 c. à soupe d'huile végétale
2 c. à soupe de miel
2 c. à soupe de mélasse

- Mettre la grille au centre du four. Préchauffer le four à 135 °C (275 °F).
- Mélanger tous les ingrédients secs dans un bol. Réserver. Mettre l'huile, le miel et la mélasse dans un petit bol allant au four à micro-ondes. Faire fondre au four à micro-ondes pendant 45 s. Verser les ingrédients liquides sur les ingrédients secs et bien mélanger avec une cuillère en bois ou une spatule.
- Étaler le mélange sur une grande plaque à pâtisserie et cuire au four pendant 20 à 25 min, en remuant bien à mi-cuisson.

Suggestions des Ateliers cinq épices pour servir le granola

- Avec du lait, comme des céréales.
- Délicieux tel quel en collation.
- Saupoudré sur une compote de pommes ou de fruits pour un dessert original.
- Mélangé avec du yogourt nature ou à la vanille et des fruits frais (bananes, raisins, kiwis, fraises) ou congelés (mangues, framboises, bleuets, fruits des champs) pour un petit-déjeuner gagnant.

Pancakes à l'avoine (recette des Ateliers cinq épices)

6 crêpes

250 ml (1 tasse) de lait
1 c. à café (1 c. à thé) de vinaigre ou de jus de citron
90 g (1 tasse) de flocons d'avoine
130 g (1 tasse) de farine de blé entier
1 c. à café (1 c. à thé) de bicarbonate de soude (soda)
2 œufs
1 c. à soupe de sucre
½ c. à café (½ c. à thé) d'extrait de vanille
1 c. à café (1 c. à thé) d'huile végétale

- Dans une tasse à mesurer ou un petit bol, mélanger le lait et le vinaigre (ou le jus de citron) et laisser reposer quelques minutes. À l'aide d'un moulin à café électrique ou d'un robot de cuisine, moudre les flocons d'avoine. Dans un bol, mélanger les flocons d'avoine moulus, la farine de blé entier et la levure chimique. Dans un autre bol, battre les œufs et le sucre quelques secondes au batteur à main. Ajouter le lait sur et la vanille en continuant à battre. Verser les ingrédients secs à la préparation d'œufs et mélanger à l'aide d'une cuillère en bois.
- Chauffer la moitié de l'huile dans un petit poêlon sur un feu moyen-élevé. Répartir 80 ml (⅓ tasse) du mélange dans le poêlon. Réduire la chaleur à feu moyen-doux. Cuire 2 ou 3 min, ou jusqu'à ce que de petites bulles se forment un peu partout à la surface de la pâte. Le dessous doit être doré. Tourner la crêpe et poursuivre la cuisson 2 ou 3 min. Répéter pour les autres crêpes. Ajouter le reste de l'huile dans le poêlon au besoin.

Variantes

- Ajoutez 60 g (½ tasse) de bleuets à la pâte.
- Vous pouvez laisser les flocons d'avoine entiers.

Boisson fouettée mauve (style *smoothie*)

2 portions

250 g (1 tasse) de yogourt nature ou de tofu soyeux
180 ml (¾ tasse) de lait ou de boisson de soya enrichie (nature)
120 g (1 tasse) de bleuets frais ou surgelés
1 c. à soupe de sirop d'érable
1 c. à soupe de beurre d'amande

- Mettre tous les ingrédients dans le récipient du mélangeur à main. Mélanger jusqu'à ce que la préparation soit homogène.

Trucs

- Cette boisson fouettée est excellente comme collation ou comme dessert rafraîchissant.
- Pour faire 4 portions, doubler les ingrédients.

Variante

- Le beurre d'amande peut être remplacé par un autre beurre de fruit sec, du beurre d'arachide ou du beurre de pois doré (une option intéressante pour les enfants allergiques aux arachides et aux noix).

Cocktail de vrais fruits

Donne 1 litre (4 tasses) ou 4 portions environ

250 ml (1 tasse) de jus d'orange
250 ml (1 tasse) d'eau
180 g (1 tasse) de fraises congelées
1 pêche fraîche, lavée et coupée grossièrement
1 banane, coupée en tronçons

- Mettre tous les ingrédients dans le récipient du mélangeur à main. Mélanger environ 30 secondes pour que le cocktail soit homogène et mousseux.

Variante

- On peut utiliser à peu près n'importe quel jus de fruits comme base et y ajouter les fruits de son choix. Place à l'imagination !

SOUPES ET POTAGES

Trucs

- Les bouillons de poulet et de légumes maison sont de loin les meilleurs, tant d'un point de vue nutritionnel qu'au goût. Sinon, les bouillons en conserve ou en contenant Tetra Pak du commerce sont préférables aux concentrés de type Bovril et aux préparations en poudre, qui contiennent plus de sel, de glutamate monosodique et souvent plus de sucre que de véritable bouillon.
- Doublez les recettes et congelez les surplus pour compléter des lunchs ou des repas rapidement.
- Les soupes et les potages se conservent environ 5 jours au réfrigérateur et 2 ou 3 mois au congélateur. Une congélation plus longue n'amoindrit pas leur innocuité, mais elle affecte leur texture et leur saveur.

Potage courgettes et tomates

6 portions

1 c. à soupe d'huile d'olive
180 g (1 tasse) de poireau, grossièrement haché
2 gousses d'ail, hachées
4 courgettes, coupées en tranches épaisses
3 c. à soupe de riz non cuit ou une pomme de terre, coupée en dés
1 boîte de 796 ml (28 oz) de tomates italiennes
500 ml (2 tasses) de bouillon de poulet ou de légumes
1 c. à café (1 c. à thé) de thym séché
60 ml (¼ tasse) de fromage parmesan ou grana padano, râpé ou en copeaux

- Dans une grande casserole, chauffer l'huile à feu moyen-élevé et faire revenir le poireau, l'ail, les courgettes et le riz (ou la pomme de terre) pendant 1 ou 2 min. Ajouter les tomates, le bouillon et le thym. Couvrir et porter à ébullition. Réduire la chaleur et laisser mijoter environ 20 min ou jusqu'à ce que les courgettes et le riz soient cuits.
- Verser dans un mélangeur ou un robot de cuisine et réduire en purée. Garnir d'un peu de fromage avant de servir.

Truc

✿ Pour un potage lisse, passez cette soupe au tamis.

Minestrone à la mexicaine

6 portions

1 litre (4 tasses) d'eau
1 litre (4 tasses) de bouillon de poulet
90 g (½ tasse) d'orge
2 carottes, en dés
1 boîte de 796 ml (28 oz) de tomates en dés, avec le jus
100 g (1 tasse) de haricots verts, en morceaux d'environ 1,25 cm (½ po) de long
180 g (1 tasse) de maïs en grains, surgelés
1 boîte de 540 ml (2 tasses) de haricots noirs, rincés et égouttés
1 c. à café (1 c. à thé) de cumin moulu
2 c. à café (2 c. à thé) de fines herbes italiennes

- Dans une grande casserole, porter à ébullition l'eau, le bouillon, l'orge, les carottes et les tomates. Réduire la chaleur et laisser mijoter 25 min à couvert. Ajouter les haricots verts, le maïs, les haricots noirs, le cumin et les fines herbes. Cuire 15 min à couvert.

Truc

- Pour une soupe-repas plus rassasiante, utilisez deux boîtes de haricots noirs.

Soupe aux lentilles

6 portions

1 c. à soupe d'huile d'olive
1 oignon, haché finement
2 gousses d'ail, pressées
2 carottes, en dés
1 branche de céleri, en dés
120 g (1 tasse) de lentilles vertes non cuites
1 litre (4 tasses) de bouillon de poulet
500 ml (2 tasses) d'eau
1 boîte de 156 ml (5 ½ oz) de pâte de tomates assaisonnée à l'italienne
1 feuille de laurier
½ c. à café (½ c. à thé) de gingembre moulu
½ c. à café (½ c. à thé) de paprika
Poivre, au goût

- Dans une grande casserole, chauffer l'huile à feu moyen-élevé et faire revenir les oignons 2 min. Ajouter tous les autres ingrédients. Porter à ébullition, réduire la chaleur et laisser mijoter pendant 35 à 40 min à couvert.

Truc

✿ Pour un potage onctueux, passez cette soupe au mélangeur.

Potage au fenouil (recette des Ateliers cinq épices)

8 portions

1 c. à soupe d'huile d'olive
1 oignon, haché
2 branches de céleri, hachées
1 gros bulbe de fenouil, haché
1 litre (4 tasses) de bouillon de légumes
1 pomme de terre pelée, hachée
¼ c. à café (¼ c. à thé) de graines de fenouil, moulues
60 ml (¼ tasse) de lait concentré non sucré
Feuilles de fenouil

- Dans une grande casserole, chauffer l'huile à feu moyen et faire revenir les oignons, le céleri et le fenouil pendant 5 min. Ajouter le bouillon de légumes, la pomme de terre et les graines de fenouil. Porter à ébullition et laisser cuire environ 20 min ou jusqu'à tendreté des légumes.
- Réduire la soupe en purée au mélangeur. Ajouter le lait concentré avant de servir. Décorer avec quelques feuilles de fenouil.

LÉGUMES D'ACCOMPAGNEMENT

Trucs

- Ne vous empêchez pas de faire une recette parce que vous n'avez pas exactement les légumes qui font partie des ingrédients. Utilisez simplement ce qu'il y a dans votre réfrigérateur ou votre congélateur.
- Doublez les recettes afin d'en avoir pour les lunchs ou les soirs de semaine.
- Les restes de légumes se conservent environ 5 jours au réfrigérateur.

Carottes glacées au gingembre

4 portions

6 carottes, coupées en bâtonnets
2 c. à café (2 c. à thé) de beurre
2 c. à café (2 c. à thé) de gingembre frais, râpé
1 c. à café (1 c. à thé) de cassonade
60 ml (¼ tasse) de jus d'ananas ou d'orange
Poivre, au goût

- Dans une casserole (avec un peu d'eau) ou une marguerite (à la vapeur), cuire les carottes environ 7 min, jusqu'à ce qu'elles soient cuites mais légèrement croquantes (pour un petit enfant qui mastique moins bien, elles doivent être bien cuites). Réserver.
- Dans un grand poêlon, faire fondre le beurre à feu moyen-élevé. Ajouter le gingembre, la cassonade et le jus d'ananas (ou d'orange). Laisser mijoter 1 ou 2 min à découvert. Ajouter les carottes cuites et mélanger délicatement à feu doux pour les réchauffer. Poivrer au goût.

Variante

✿ Utilisez du jus de pomme ou un mélange de jus au lieu du jus d'ananas.

Légumes à l'indienne

4 portions

2 c. à café (2 c. à thé) d'huile
2 gousses d'ail, pressées
1 c. à café (1 c. à thé) de curcuma
1 c. à café (1 c. à thé) de cumin
1 c. à café (1 c. à thé) de garam masala
80 ml (⅓ tasse) de bouillon de poulet ou de légumes
200 g (2 tasses) de chou-fleur, en bouquets
200 g (2 tasses) de haricots verts, coupés en deux

- Dans un wok chaud ou une casserole, verser l'huile et bien la répartir. Ajouter l'ail et les épices et faire revenir 1 min à feu moyen-élevé. Ajouter le bouillon de poulet et le chou-fleur. Réduire la chaleur, couvrir et cuire 5 min. Ajouter les haricots et remuer pour bien enrober les légumes du bouillon assaisonné. Cuire de 3 à 4 min ou jusqu'à ce que tous les légumes soient cuits, mais encore légèrement croquants.

Variante

✿ Utilisez des haricots verts surgelés si vous n'en avez pas de frais, ou s'ils sont moins chers.

Sésame, ouvre-pois !

4 portions

1 c. à soupe de graines de sésame
2 c. à café (2 c. à thé) d'huile végétale
1 c. à café (1 c. à thé) d'huile de graines de sésame grillées
480 g (4 tasses) de pois mange-tout, lavés et parés
1 c. à soupe d'eau (au besoin)

- Sur une petite plaque, étendre les graines de sésame et les faire dorer sous le gril du four pendant 1 ou 2 min. Surveiller les graines, car elles peuvent brûler rapidement. Réserver.
- Dans un wok ou un grand poêlon chaud, chauffer l'huile végétale et l'huile de sésame. Faire revenir les pois mange-tout pendant 2 min à feu moyen-élevé. Réduire la chaleur à feu moyen-doux, couvrir et cuire 3 min. Ajouter un peu d'eau si les pois ont tendance à coller. Ajouter les graines de sésame, remuer et servir.

Variante

✿ Plutôt qu'au four, faites griller les graines de sésame dans un petit poêlon, à feu moyen, pendant 1 ou 2 min en remuant sans cesse.

Choux de Bruxelles à l'érable

4 portions

60 ml (¼ tasse) de bouillon de poulet
2 c. à soupe de sirop d'érable
1 c. à soupe de jus de citron
2 c. à café (2 c. à thé) de zeste de citron
1 c. à soupe d'huile d'olive
1 échalote, finement hachée
2 gousses d'ail, pressées
720 g (4 tasses) de choux de Bruxelles, parés et coupés en deux (ou en quatre s'ils sont gros)
Poivre, au goût

- Dans un petit bol, mélanger le bouillon de poulet, le sirop d'érable, le jus et le zeste de citron. Réserver. Dans un wok ou un grand poêlon chaud, verser l'huile et attendrir l'échalote 2 min à feu moyen-élevé. Ajouter l'ail, les choux de Bruxelles et faire revenir 1 min.
- Verser le mélange à base de bouillon sur les légumes. Réduire la chaleur et cuire à couvert environ 10 min, ou jusqu'à ce que les choux de Bruxelles soient cuits, mais légèrement croquants. Retirer le couvercle et poursuivre la cuisson à feu élevé le temps de laisser s'évaporer le liquide. Poivrer au goût.

Variante

✿ Remplacez le jus et le zeste de citron par du jus et du zeste de citron vert.

Légumes verts à l'orientale

4 portions

125 ml (½ tasse) d'eau
1 c. à soupe de sauce hoisin
2 c. à café (2 c. à thé) de sauce soja à teneur réduite en sel
½ c. à café (½ c. à thé) d'huile de graines de sésame grillées
1 c. à soupe d'huile végétale
½ oignon rouge, en rondelles
360 g (2 tasses) de brocoli, en tronçons et en petits bouquets
360 g (2 tasses) de chou chinois, émincé

- Dans un petit bol, mélanger l'eau, la sauce hoisin, la sauce soja et l'huile de sésame. Réserver. Dans un wok ou un grand poêlon chaud, verser l'huile et faire revenir les oignons et les tronçons de brocoli à feu moyen-élevé pendant 3 min. Réduire l'intensité du feu. Ajouter les bouquets de brocoli et le chou chinois, puis verser la sauce sur le tout. Couvrir et cuire 5 min ou jusqu'à ce que les légumes soient tendres, mais encore croquants.

Trempette à l'ail rôti

310 ml (1 ¼ tasse) de trempette

3 ou 4 gousses d'ail, entières
1 c. à café (1 c. à thé) d'huile d'olive
200 g (⅔ d'un paquet) de tofu soyeux (mou)
2 c. à soupe de sauce à salade de style mayonnaise, légère
2 c. à café (2 c. à thé) de sauce tamari
¼ c. à café (¼ c. à thé) de cumin moulu
Poivre, au goût

- Préchauffer le four à 200 °C (400 °F).
- Préparer l'ail pour le faire rôtir: disposer les gousses d'ail sur un morceau de papier d'aluminium et les arroser d'huile d'olive. Refermer le papier d'aluminium pour les envelopper. Cuire au four 15 min.
- À l'aide d'un mélangeur ou d'un robot de cuisine, mélanger le tofu, la sauce à salade, la sauce tamari, l'ail rôti et le cumin jusqu'à consistance homogène. Poivrer. Accompagner de crudités de légumes au choix.

Truc

- Cette préparation peut servir de sauce à salade ou comme garniture dans un sandwich au thon.

Salsa Tex-mex (recette des Ateliers cinq épices)

Donne 750 ml (3 tasses)

110 g (½ tasse) de haricots noirs, en conserve, rincés et égouttés
240 g (1 tasse) de tomates broyées, en conserve
180 g (1 tasse) de maïs en grains
1 tomate fraîche moyenne, hachée
¼ de poivron rouge moyen, haché
¼ de poivron vert moyen, haché
¼ d'oignon rouge moyen, haché
1 à 2 c. à soupe de coriandre fraîche, hachée
2 gousses d'ail, hachées
1 c. à soupe de vinaigre de vin rouge
½ c. à café (½ c. à thé) de sel
½ c. à café (½ c. à thé) de cumin moulu

- Dans un grand bol, mélanger les haricots noirs, les tomates broyées et le maïs en grains. Incorporer la tomate fraîche, les poivrons et les oignons. Ajouter la coriandre et l'ail. Dans un petit bol ou une tasse à mesurer, mélanger le vinaigre de vin, le sel et le cumin. Verser sur le premier mélange et remuer pour bien répartir les saveurs.
- Servir froid accompagné de croustilles de maïs de type « nachos » ou de pain pita badigeonné d'huile d'olive et grillé au four.

Truc des Ateliers cinq épices

✿ Préparez la salsa à l'avance et laissez-la macérer au réfrigérateur pour mélanger et rehausser les saveurs.

GRAINS ENTIERS, LÉGUMINEUSES, TOFU ET POISSON

Risotto de millet

4 portions

1 c. à café (1 c. à thé) de beurre
2 c. à café (2 c. à thé) d'huile
1 petit oignon, émincé
135 g (¾ tasse) de millet
500 ml (2 tasses) de bouillon de poulet
60 g (½ tasse) de fromage parmesan ou grana padano, râpé
140 g (1 tasse) de pois surgelés (ou un autre légume précuit)
Poivre, au goût

- Dans une casserole, chauffer le beurre et l'huile à feu moyen-élevé. Ajouter les oignons et le millet en remuant pour bien les enrober de gras, et cuire environ 1 min. Ajouter le bouillon de poulet et porter à ébullition. Réduire la chaleur, couvrir et laisser mijoter de 20 à 25 min, ou jusqu'à ce que le liquide soit absorbé. Incorporer le fromage et les légumes cuits de son choix. Poivrer et servir immédiatement.

Variantes

- Les asperges et les champignons sont particulièrement bons dans un risotto de la sorte.
- Ajoutez des morceaux de poulet cuit ou des crevettes cuites avec le fromage et les légumes.
- Remplacez 60 ml (¼ tasse) de bouillon par du vin blanc : déglacez les oignons et le millet avec le vin, puis laissez ce dernier s'évaporer avant d'ajouter le bouillon de poulet. N'ayez crainte : l'alcool du vin se sera évaporé !

Salade de quinoa sucrée-salée

4 portions

185 g (1 tasse) de quinoa
500 ml (2 tasses) d'eau
2 c. à soupe d'huile d'olive
2 c. à soupe de bouillon de poulet ou de légumes
Le jus et le zeste d'un citron vert
1 c. à café (1 c. à thé) de sucre
½ avocat, en cubes
1 grosse mangue, en cubes
2 oignons verts, hachés
Poivre, au goût

- Bien rincer le quinoa à l'eau froide et égoutter. Dans une grande casserole, porter l'eau à ébullition. Ajouter le quinoa en remuant. Réduire la chaleur, couvrir et laisser mijoter pendant 15 min ou jusqu'à ce que l'eau soit absorbée et que le quinoa soit translucide. Égoutter et laisser refroidir.
- Dans un petit bol, fouetter l'huile, le bouillon, le jus et le zeste de citron vert ainsi que le sucre pour faire la vinaigrette. Dans un grand bol, mettre le quinoa, l'avocat, la mangue et les oignons verts. Verser la vinaigrette et remuer délicatement. Poivrer au goût.

Trucs

- Lavez bien le citron vert avant d'en retirer le zeste. Et n'oubliez pas de zester avant de trancher pour le presser.
- Zestez le citron vert au-dessus du bol à vinaigrette pour récupérer un maximum de saveur.

Variante

- Le quinoa se vend dans les magasins d'aliments naturels ou dans les sections d'aliments naturels de plusieurs épiceries. À défaut d'en trouver, vous pouvez utiliser du riz brun ou du couscous de blé entier (faites cuire en suivant les indications inscrites sur l'emballage).

Quesadillas « nouveau genre »

5 quesadillas, qui peuvent faire plus d'une portion chacune

1 boîte de 156 ml (5 ½ oz) de pâte de tomates
aux fines herbes et aux épices
180 ml (¾ tasse) d'eau
1 ½ c. à café (1 ½ c. à thé) de cumin en poudre
10 petites tortillas de blé entier
225 g (2 ½ tasses) de tofu ferme, râpé (les ¾ d'une brique)
200 g (1 ⅔ tasse) de fromage mozzarella, râpé
2 oignons verts, hachés
20 olives noires Kalamata, en tranches (facultatif)
Poivre, au goût
Huile d'olive, au besoin

- Dans un bol et à l'aide d'un fouet, diluer la pâte de tomates avec l'eau. Ajouter le cumin. Dans une assiette, disposer une tortilla. Répartir environ 2 ou 3 c. à soupe de cette sauce tomate, puis 45 g (½ tasse) de tofu râpé et 40 g (⅓ tasse) de fromage râpé. Ajouter quelques morceaux d'oignon vert et quelques tranches d'olive. Poivrer.
- Dans une autre assiette, disposer une autre tortilla et répartir 3 c. à soupe de sauce tomate. Mettre cette tortilla sur la première tortilla garnie, sauce vers le bas.
- Dans un grand poêlon chaud, verser ½ c. à café (½ c. à thé) d'huile et bien la répartir. Disposer les tortillas garnies et cuire à feu moyen environ 2 min ou jusqu'à ce que le dessous soit doré. Tourner et faire dorer de la même façon. Tailler en pointes et servir. Répéter l'opération pour les 4 autres quesadillas.

Variante

- Remplacez la mozzarella par un autre fromage.

Tilapia aux champignons

4 portions

1 c. à café (1 c. à thé) de beurre
60 g (1 tasse) de champignons, en tranches
2 oignons verts, hachés
4 filets de tilapia (ou un autre poisson à chair blanche)
180 ml (¾ tasse) de bouillon de poulet
180 ml (¾ tasse) de lait
2 c. à soupe d'huile de canola ou d'olive
2 c. à soupe de farine de blé entier

- Préchauffer le four à 200 °C (400 °F).
- Dans un poêlon, faire fondre le beurre à feu moyen puis faire revenir les champignons et les oignons verts 2 ou 3 min ou jusqu'à ce que les champignons soient cuits. Réserver.
- Disposer les filets de poisson sur une plaque à cuisson. Cuire au four environ 8 à 10 min ou jusqu'à ce que la chair se défasse à la fourchette (ne pas trop cuire). Si du poisson surgelé est utilisé, suivre les indications inscrites sur l'emballage. Pendant la cuisson du poisson, préparer la sauce : dans une grande tasse à mesurer, mélanger le bouillon de poulet et le lait. Réserver.
- Dans une casserole, mélanger l'huile et la farine, puis réchauffer 1 min à feu moyen-élevé. Verser le mélange bouillon et lait en remuant sans cesse à l'aide d'un fouet et cuire jusqu'à ce que la sauce épaississe. Ajouter les champignons et les oignons verts. Poursuivre la cuisson 1 min. Mettre le poisson dans les assiettes et le napper de sauce aux champignons.

Saumon orange-canneberge

4 portions

Environ 500 g (1 lb) de saumon
Poivre, au goût
1 orange, en tranches
125 ml (½ tasse) de jus d'orange
125 ml (½ tasse) de bouillon de poulet
1 c. à soupe de canneberges séchées, hachées
4 c. à café (4 c. à thé) de fécule de maïs

- Préchauffer le four à 200 °C (400 °F).
- Disposer le filet de saumon sur une plaque à cuisson. Poivrer et répartir les tranches d'orange sur toute la surface. Cuire pendant 12 à 15 min, ou jusqu'à ce que la chair se défasse à la fourchette (ne pas trop cuire).
- Dans une petite casserole, porter à ébullition le jus d'orange, le bouillon de poulet, les canneberges séchées et la fécule de maïs. Réduire la chaleur et laisser mijoter 5 min. Diviser le filet de saumon en 4 portions, et napper chaque portion de sauce.

Boucles colorées au thon

4 portions

200 g (environ 2 tasses) de pâtes alimentaires de blé entier, en forme de boucles
Eau
1 c. à soupe d'huile d'olive
360 g (2 tasses) de brocoli, en petits fleurons et en tronçons
2 gousses d'ail, pressées
1 poivron rouge, en dés
1 poivron jaune, en dés
80 ml (⅓ tasse) de bouillon de légumes ou de poulet
2 c. à café (2 c. à thé) de jus de citron
Le zeste d'un citron
2 boîtes de 170 g (environ 6 oz) de thon pâle, égoutté
½ c. à café (½ c. à thé) de graines de coriandre moulues (en poudre)
Poivre, au goût
30 g (¼ tasse) de copeaux de parmesan

- Dans une grande casserole, cuire les pâtes alimentaires dans beaucoup d'eau, selon les indications inscrites sur l'emballage. Pendant la cuisson, préparer les autres ingrédients.
- Dans un wok ou un grand poêlon chaud, verser l'huile et faire revenir les tronçons de brocoli et l'ail 1 min. Ajouter les poivrons et les fleurons de brocoli, et cuire 2 min à feu moyen. Verser le bouillon et le jus de citron. Poursuivre la cuisson 2 min ou jusqu'à ce que les légumes soient cuits, mais encore croquants.
- Ajouter le zeste de citron, le thon, la coriandre et les pâtes cuites aux légumes. Bien mélanger à l'aide d'une cuillère en bois. Poivrer. Servir et garnir de copeaux de parmesan.

Tartinade de tofu (recette des Ateliers cinq épices)

6 portions

227 g (½ brique) de tofu
½ carotte, râpée
½ oignon vert, haché
60 ml (¼ tasse) de sauce à salade (de type Miracle Whip)
60 g (¼ tasse) de yogourt nature 2 % M.G.
½ c. à café (½ c. à thé) de persil séché
½ c. à café (½ c. à thé) de sel d'ail
¼ c. à café (¼ c. à thé) de poudre de cari
¼ c. à café (¼ c. à thé) de basilic séché
¼ c. à café (¼ c. à thé) de sel
¼ c. à café (¼ c. à thé) de paprika
Une pincée de poivre

- Dans un bol, émietter le tofu avec les mains. Réserver. Dans un autre bol, mélanger tous les autres ingrédients. Les ajouter au tofu émietté et mélanger à l'aide d'un pilon ou d'une fourchette. Servir comme garniture à sandwich sur des pains pitas, des tortillas ou des tranches de pain.

Truc des Ateliers cinq épices

- Ajoutez au sandwich un peu de verdure ou de légumes en garniture pour lui donner plus de couleur, de variété et de saveur. Suggestions : des feuilles de laitue, des germes de luzerne, des tranches de concombre et de tomate, du fromage... Place à l'imagination !

Couscous aux légumes (recette des Ateliers cinq épices)

De 6 à 8 portions

2 c. à soupe d'huile d'olive
1 c. à café (1 c. à thé) chacun de cannelle, de curcuma,
de poudre de cari et de cumin
¼ c. à café (¼ c. à thé) de poivre de Cayenne
1 oignon moyen, émincé
500 ml (2 tasses) d'eau
2 c. à café (2 c. à thé) de base de bouillon de légumes
150 g (¾ tasse) de tomates, en dés
180 ml (¾ tasse) de sauce tomate
2 carottes, en rondelles
½ petit navet, en dés
1 patate douce, en gros cubes
1 courgette, en gros cubes
1 petit poivron rouge, en gros cubes
105 g (¾ tasse) de pois verts, congelés
150 g (¾ tasse) de pois chiches cuits ou en conserve, rincés et égouttés

500 ml (2 tasses) de bouillon de légumes
350 g (2 tasses) de couscous de blé entier

- Dans un chaudron, chauffer l'huile, ajouter les épices et cuire jusqu'à ce que le mélange soit odorant. Ajouter les oignons et cuire quelques minutes de plus. Ajouter l'eau, la base de bouillon de légumes, les tomates en dés, la sauce tomate et porter à ébullition. Incorporer les morceaux de carotte, de navet et de patate douce. Couvrir et cuire pendant 15 min. Ajouter la courgette, le poivron, les pois verts et les pois chiches. Couvrir à nouveau et poursuivre la cuisson 5 min de plus.
- Pendant la cuisson des légumes, porter à ébullition le bouillon de légumes dans une casserole. Ajouter le couscous et mélanger. Retirer du feu, couvrir et laisser reposer 3 min. Égrener à l'aide d'une fourchette. Couvrir et laisser reposer encore 2 min. Pour servir, verser le mélange de légumes sur un lit de couscous.

DESSERTS SANTÉ ET COLLATIONS

Trucs

- Les recettes de pain, de muffins, de biscuits et de barres tendres se congèlent très bien et se dégèlent rapidement. Idéales pour une collation, un dessert et même un petit-déjeuner rapide. Faites des réserves !
- Les produits de boulangerie suivants, puisqu'ils sont peu sucrés, se conservent mieux au réfrigérateur qu'à température ambiante. Au congélateur, ils se conservent environ 2 mois ; une durée de conservation plus longue affecte leur texture et leur goût.

Pain délicieux aux bananes

12 tranches

190 g (1 ¼ tasse) de farine de blé entier
1 c. à café (1 c. à thé) de levure chimique (poudre à pâte)
Une pincée de sel
2 œufs, légèrement battus
80 ml (⅓ tasse) d'huile de canola
75 g (⅓ tasse) de sucre
½ c. à café (½ c. à thé) de vanille
½ c. à café (½ c. à thé) de cannelle
360 g (2 tasses) de bananes bien mûres (environ 3 grosses)

- Placer la grille au centre du four. Préchauffer le four à 180 °C (350 °F). Graisser et fariner un moule à pain de 23 x 13 cm (9 x 5 po) ou utiliser un moule antiadhésif.
- Dans un grand bol, mélanger la farine, la levure chimique et le sel. Réserver. Dans un autre bol, à l'aide d'un fouet, mélanger les œufs, l'huile et le sucre. Ajouter la vanille et la cannelle. Dans une grande assiette, écraser la chair des bananes à la fourchette. Ajouter au mélange d'œufs.
- Verser les ingrédients humides sur la farine et mélanger délicatement à l'aide d'une spatule pour l'humecter. Répartir dans le moule à pain. Cuire au four 45 min ou jusqu'à ce qu'un cure-dent inséré au centre du gâteau en ressorte propre. Laisser tiédir et démouler.

Variante

- Ajoutez, au mélange de farine, 25 g (¼ tasse) de noix de Grenoble hachées ou de pépites de chocolat.

Muffins surprenants au sarrasin

12 muffins

150 g (1 tasse) de farine de sarrasin
190 g (1 ¼ tasse) de farine de blé entier
1 c. à café (1 c. à thé) de bicarbonate de sodium
1 c. à café (1 c. à thé) de levure chimique (poudre à pâte)
1 c. à café (1 c. à thé) de gingembre moulu
2 œufs, légèrement battus
60 g (½ tasse) de cassonade
80 ml (⅓ de tasse) d'huile de canola
90 g (1 tasse) de carottes, râpées
1 boîte de 398 ml (14 oz) d'ananas broyés, avec le jus

- Placer la grille au centre du four. Préchauffer le four à 190 °C (375 °F). Huiler 12 moules à muffins ou utiliser des moules antiadhésifs.
- Dans un grand bol, mélanger la farine de sarrasin, la farine de blé, le bicarbonate de sodium, la levure chimique et le gingembre. Réserver. Dans un autre bol, battre les œufs et la cassonade à l'aide d'un fouet. Ajouter l'huile et continuer à battre. Incorporer les carottes et les ananas. Bien mélanger.
- Verser les ingrédients humides sur le mélange de farines et mélanger délicatement à l'aide d'une spatule pour l'humecter. Répartir dans les moules à muffins. Cuire environ 20 min ou jusqu'à ce que les muffins soient légèrement dorés.

Variante

✿ Remplacez les carottes râpées par la même quantité de patates douces râpées.

Biscuits moelleux aux pommes

24 biscuits

135 g (1 ½ tasse) de flocons d'avoine à cuisson rapide
225 g (1 ½ tasse) de farine de blé entier
1 ½ c. à café (1 ½ c. à thé) de levure chimique (poudre à pâte)
½ c. à café (½ c. à thé) de cannelle
Une pincée de sel
80 g (⅓ tasse) de beurre (non salé ou mi-salé), ramolli
60 g (½ tasse) de cassonade, non tassée
2 œufs, légèrement battus
60 g (½ tasse) de compote de pommes, non sucrée
80 ml (⅓ tasse) de lait
3 pommes

- Placer la grille au haut du four. Préchauffer le four à 200 °C (400 °F). Couvrir deux plaques à pâtisserie de papier sulfurisé.
- Dans un bol, mélanger les flocons d'avoine, la farine, la levure chimique, la cannelle et le sel. Réserver. Dans un autre bol, à l'aide d'un batteur à main, bien mélanger le beurre et la cassonade jusqu'à consistance onctueuse. Ajouter les œufs et la compote de pommes et battre jusqu'à ce que le mélange soit homogène. Incorporer le lait et mélanger à l'aide d'une cuillère en bois.
- Peler et râper les pommes, et les intégrer immédiatement au mélange de beurre et de cassonade à l'aide d'une cuillère en bois. Verser cette préparation sur les ingrédients secs et mélanger délicatement pour bien humecter le tout.
- À l'aide d'une cuillère, disposer sur la plaque 2 c. à soupe de pâte par biscuit en laissant 2,5 cm (1 po) entre chacun. Cuire au four, environ 10 min, jusqu'à ce que la base des biscuits soit dorée. Laisser tiédir sur la plaque, puis transférer sur une grille de refroidissement.

Variante

✿ Ajoutez 90 g (½ tasse) de raisins secs ou de dattes hachées.

Barres tendres des sportifs

10 barres

135 g (1 ½ tasse) de flocons d'avoine à cuisson rapide
75 g (½ tasse) de farine de blé entier
45 g (½ tasse) de germe de blé
1 c. à café (1 c. à thé) de levure chimique (poudre à pâte)
Une pincée de sel
90 g (½ tasse) de pépites de chocolat mi-sucrées
50 g (½ tasse) de noix de Grenoble
60 g (¼ tasse) de beurre (non salé ou mi-salé), ramolli
60 g (¼ tasse) de sirop d'érable
60 g (¼ tasse) de miel
2 œufs, légèrement battus
1 c. à café (1 c. à thé) de vanille
60 g (½ tasse) de canneberges séchées

- Placer la grille au centre du four. Préchauffer le four à 180 °C (350 °F). Graisser un moule carré de 20 cm (8 po) ou le couvrir de papier sulfurisé.
- Dans un bol, mélanger les flocons d'avoine, la farine, le germe de blé, la levure chimique, le sel, les pépites de chocolat et les noix de Grenoble. Dans un petit bol, mélanger à l'aide d'un batteur à main le beurre, le sirop d'érable, le miel, les œufs et la vanille. Incorporer les canneberges à l'aide d'une cuillère en bois.
- Verser les ingrédients liquides sur les ingrédients secs et mélanger pour bien les enrober. Répartir dans le moule. Cuire environ 25 min ou jusqu'à ce que le dessus soit doré. Disposer le moule sur une plaque, laisser refroidir et couper en barres.

Variante

- Remplacez le chocolat, les noix de Grenoble et les canneberges séchées par d'autres graines, fruits secs ou fruits séchés.

Crème-dessert aux framboises

4 portions

300 g (1 paquet) de tofu soyeux (mou)
240 g (2 tasses) de framboises, fraîches ou surgelées
2 c. à café (2 c. à thé) de sirop d'érable

- À l'aide d'un mélangeur ou au robot de cuisine, réduire tous les ingrédients en un mélange homogène. Disposer dans quatre coupes à dessert ou ramequins. Réfrigérer.

Truc

- Passez ce dessert au tamis pour enlever les graines de framboises, si désiré.

Variante

- Remplacez les framboises par des fraises, des bleuets, des mangues ou des bananes.

Yogourt glacé à la mangue

500 g (2 tasses) de yogourt nature
240 g (1 ½ tasse) de mangue, fraîche ou surgelée, en petits cubes
1 c. à soupe de sirop d'érable

- Pour la mangue fraîche : disposer les cubes de mangue sur une plaque à pâtisserie et les mettre au congélateur au moins 4 h (ou jusqu'à ce qu'ils soient bien congelés). Pour la mangue surgelée : laisser les cubes au congélateur jusqu'à la dernière minute.
- À l'aide d'un mélangeur ou d'un robot de cuisine, réduire tous les ingrédients en purée. Servir immédiatement ou remettre au congélateur en attendant.

Truc

✿ Si le yogourt, une fois préparé, est resté au congélateur trop longtemps et qu'il a gelé, laissez-le reposer environ 20 min à température ambiante avant de le servir.

Brochettes de fruits et sauce à l'érable

(recette des Ateliers cinq épices)

8 portions

½ ananas frais (tête et pied coupés)
½ cantaloup
8 raisins verts
8 raisins rouges
8 fraises
180 g (¾ tasse) de yogourt nature
60 g (¼ tasse) de sirop d'érable
8 brochettes en bois

- Couper la moitié d'ananas en deux, puis en quatre dans le sens de la longueur. De haut en bas, enlever le cœur de l'ananas (partie dure au centre) sur chacune des quatre sections. À l'aide d'un couteau dentelé, enlever l'écorce de chaque section. Couper la chair de l'ananas en cubes.
- Couper le cantaloup en deux et enlever les graines au centre. Si vous utilisez la cuillère parisienne, faire le plus de boules possible. Sinon, couper le cantaloup en cubes après avoir enlevé l'écorce.
- À l'aide des bâtons de bois, monter 8 brochettes en alternant les fruits. Dans un bol, mélanger le yogourt et le sirop d'érable. Diviser ce mélange dans 8 petits bols. Disposer chaque brochette sur une assiette avec un petit bol de sauce et servir.

ANNEXES

Annexe 1

BILAN DES HABITUDES DE VIE DE VOTRE FAMILLE

Voici des énoncés qui vous permettront de faire un rapide bilan des habitudes alimentaires et de vie de votre famille. Chacun de ces énoncés est un objectif et se rapporte à un aspect abordé précédemment. N'hésitez pas à relire certaines sections, au besoin.

		Oui	Non
Repas et alimentation			
1	Chaque repas inclut au moins un fruit ou un légume (autre que la pomme de terre).		
2	Au moins un dessert ou une collation par jour est un fruit.		
3	Notre famille mange du poisson, du tofu ou des légumineuses au moins trois fois par semaine.		
4	Au moins la moitié des produits céréaliers que nous mangeons sont des grains entiers.		
5	Chacun de nous boit plus de lait (ou de boissons de soya enrichies) qu'il mange de yogourt ou de fromage.		
6	Nous fréquentons les restaurants-minute (*fast-food*) au maximum une fois par mois.		
7	Nous buvons des boissons gazeuses moins d'une fois par semaine.		
8	Nous buvons plus d'eau que toute autre boisson.		
9	Chacun décide des quantités qu'il mange.		
10	Nous mangeons tous ensemble au moins cinq fois par semaine.		
11	Les enfants participent régulièrement à la préparation des repas (s'ils en ont l'âge).		

Activité physique et sommeil			
12	Nous (les parents) cumulons au moins 30 minutes d'activité physique tous les jours, et les enfants cumulent au moins 90 minutes.		
13	Nous faisons au moins une activité physique toute la famille ensemble chaque semaine.		
14	Nous utilisons rarement la voiture pour les déplacements sur une courte distance.		
15	Les enfants dorment au moins 10 heures par nuit.		
Télévision et autres écrans			
16	Nous consacrons moins de deux heures par jour à la télévision, à l'ordinateur (récréatif) et aux jeux électroniques.		
17	La télévision est dans une pièce familiale et il n'y en a pas dans les chambres.		
18	La télévision est éteinte quand nous mangeons.		
Généralités			
19	Personne chez nous n'est au régime.		
20	On s'aime et on se le dit !		

Annexe 2

PLAN DE MATCH

MISSION POSSIBLE !

Par où commencer ? Voici un plan de huit semaines qui vous propose des changements progressifs. D'abord, lisez tous les objectifs des huit semaines. Adaptez-les à votre situation, interchangez certains objectifs et fixez-en de nouveaux si vous en avez envie. Votre « plan de match » doit coller à votre réalité.

Ensuite, réunissez tous les membres de votre famille et discutez des changements que vous aimeriez apporter dans le but d'être en meilleure santé et de passer du temps de qualité tous ensemble. Laissez vos enfants exprimer leur vision des choses et dire ce qu'ils voudraient voir être amélioré. Quand vous aurez établi un plan qui convient à toute votre famille, écrivez-le et affichez-le sur le réfrigérateur ou ailleurs.

Adoptez une attitude positive. Soulignez les réussites et les bons coups. Donnez-vous des « étoiles », faites une sortie en famille pour vous féliciter, organisez une « remise de diplômes » à la fin de l'échéancier, les options ne manquent pas. Cela dit, accordez-vous aussi le droit d'éprouver des difficultés. Partagez-les et cherchez ensemble des solutions pour les surmonter. Faites le point chaque semaine sur les missions accomplies (que vous conserverez ou améliorerez) et confiez-vous celles de la semaine à venir. Le plan de match s'échelonne sur huit semaines, mais vous pouvez prévoir une période plus courte ou une plus longue. Peu importe sa durée, c'est lorsqu'il sera terminé que la plus importante mission commencera : conserver les bonnes habitudes acquises.

N'oubliez pas : un pour tous et tous pour un !

SEMAINE 1

Famille / repas de famille

- Éteignez la télévision pendant les repas. Mettez plutôt de la musique (ou rien du tout). Et si le téléphone a l'habitude de sonner souvent à l'heure des repas, pourquoi ne pas laisser votre répondeur prendre les messages?

Activités

- Trouvez une activité à faire toute la famille ensemble en fin de semaine.

Alimentation / nutrition

- Mangez au moins une portion de fruit ou de légume à chaque repas.
- Réduisez le nombre de boissons gazeuses de une par semaine.
- Cessez de manger devant la télé ou l'ordinateur.

Repos / sommeil

- Lisez, écoutez de la musique, placotez ou faites une autre activité calme que vous aimez avec votre enfant pendant au moins 20 minutes avant qu'il aille au lit. Au besoin, inscrivez-vous à la bibliothèque municipale pour que chacun ait de la lecture pour la soirée.

Écrans

- Sortez les télévisions et les ordinateurs des chambres.

SEMAINE 2

Famille / repas de famille

- Planifiez de manger toute la famille ensemble au moins quatre fois par semaine.

Activités

- Discutez en famille des activités que vous aimeriez faire ensemble au moins une fois par semaine.

Alimentation / nutrition

- Mangez à table seulement, même les collations.
- Réduisez le nombre de repas au restaurant-minute (*fast-food*) de un par semaine.
- Discutez en famille de l'importance du petit-déjeuner, et trouvez ensemble des solutions pour que chacun petit-déjeune tous les jours (ou la plupart des jours).

Repos / sommeil

- Envoyez votre enfant au lit à la même heure tous les soirs de la semaine.

Écrans

- Limitez à quatre heures par jour l'écoute de la télé et le temps passé à jouer à des jeux vidéo ou électroniques, ou à clavarder.

SEMAINE 3

Famille / repas de famille

- Évitez les sujets de discorde et les réprimandes durant les repas. Donnez-vous une mission lors des repas de famille : être de bonne humeur !

Activités

- Discutez de quelle façon chacun pourrait être actif chaque jour : jouer dehors après l'école, marcher ensemble pour aller à l'école ou au parc, etc. Inscrivez vos activités sur un calendrier. Chaque membre de la famille peut avoir un crayon de couleur différente.

Alimentation / nutrition

- Remplacez un dessert sucré par jour par des fruits frais ou un yogourt.
- Conservez un maximum de quatre desserts sucrés par semaine.
- Mangez au moins une portion de grains entiers par jour.

Repos / sommeil

- Si ce n'est pas déjà fait, sortez les télévisions et les ordinateurs des chambres.

Écrans

- Ne laissez pas la télé allumée quand vous ne la regardez pas.

Mercredi	Jeudi	Vendredi	Samedi
Pancake à l'avoine* garnie de yogourt et de fruits	Bol de céréales avec lait Jus de fruits	Rôties au beurre d'arachide et banane	Œuf cachette* (incluant du pain) Cocktail de vrais fruits*
Jus de fruits Barre tendre*	Fruit au choix Fromage	Fruit au choix Boîte de boisson de soya ou de lait	Fruit au choix
Couscous aux légumes* (et aux pois chiches)	Sandwich au saumon Jus de légumes Yogourt	Potage au fenouil* Tartinade de tofu* sur craquelins de grains entiers	Pizza maison aux légumes grillés (incluant du fromage)
Fruits	Lait Céréales d'avoine	Barre tendre*	Crudités de légumes et trempette à l'ail rôti (au tofu)*
Quesadillas nouveau genre* (au tofu) Salade verte Lait	Minestrone à la mexicaine* (incluant des légumes, de l'orge et des fèves noires) Yogourt glacé à la mangue*	Risotto de millet* (avec légumes et fromage) Crudités de carottes Poulet grillé	Boucles colorées au thon* (avec légumes) Brochette de fruits et sauce à l'érable*

r trouver ces recettes, consulter l'index recettes, à la page 253.

	Dimanche	Lundi	Mardi
Petit-déjeuner	Crêpe garnie de cheddar et de pomme cuite Chocolat chaud	Granola ensoleillé* avec du lait et des petits fruits	Boisson fouettée mauve* (style *smoothie*) (tofu, bleuets et boisson de soya)
Collation	Fruit au choix 10 amandes	Petite poignée de noix de soya rôties Lait	Céréales en bouchées Yogourt
Lunch	Salsa Tex-mex* et pain pita de blé entier Crudités de légumes Lait	Salade de quinoa* (incluant des légumes et des fruits) Œuf à la coque	Soupe aux lentilles* (et aux légumes) Pain pita de blé entier Fruit au choix
Collation	Muffin surprenant au sarrasin*	Biscuit moelleux aux pommes* Lait	Pain délicieux aux bananes* Lait
Repas du soir	Saumon orange-canneberge* Boulgour Pois (Sésame ouvre-pois !)* Fruits frais Lait	Potage courgettes et tomates* Spaghetti sauce à la viande maison Crème-dessert aux framboises* (à base de tofu)	Tilapia aux champignons* Riz brun Carottes au gingembre Salade de fruits

Légende
Vert : légumes et fruits
Orangé : produits céréaliers
Bleu : lait et substituts
Rouge : viande et substituts

* Po
des

SEMAINE 4

Famille / repas de famille

- Pendant le repas, racontez votre journée à tour de rôle. Posez des questions à vos enfants, et écoutez attentivement leurs réponses.

Activités

- Augmentez de 15 minutes par jour le temps consacré aux activités physiques.

Alimentation / nutrition

- Préparez un repas de poisson chaque semaine.
- Si vous buvez du lait entier (3,25 % M.G.), changez pour du lait 2 %. Si vous buvez du lait 2 %, changez pour du lait 1 %.
- Réduisez la taille des portions mises initialement dans les assiettes si elles dépassent celles qui sont recommandées à la page 111. Laissez tout de même la possibilité à votre enfant de se servir de nouveau.

Repos / sommeil

- Si votre enfant dort moins de 10 heures, devancez l'heure du coucher de 15 minutes.

Écrans

- Limitez à un maximum de trois heures par jour l'écoute de la télé et le temps passé à jouer à des jeux vidéo ou électroniques, ou à clavarder.

SEMAINE 5

Famille / repas de famille

- Restez tous assis autour de la table au moins 20 minutes consécutives à chaque repas de famille.

Activités

- Diminuez d'au moins 15 minutes par jour le temps consacré à des activités passives, telles que regarder la télévision, naviguer sur Internet et jouer à des jeux vidéo ou électroniques.

Alimentation / nutrition

- Préparez un repas de légumineuses ou de tofu chaque semaine.
- Limitez à un par semaine les repas avec aliments frits.
- Mangez au moins deux portions de grains entiers par jour.

Repos / sommeil

- Coupez la caféine (chocolat, boissons gazeuses de type cola) après 15 h.

Écrans

- Décidez, avec les enfants, des émissions qu'ils pourront écouter et que vous écouterez en famille.

SEMAINE 6

Famille / repas de famille

- Une fois par semaine, laissez un de vos enfants trouver une nouvelle recette à essayer ou dénicher un nouvel aliment à découvrir.

Activités

- Augmentez de 15 minutes supplémentaires par jour le temps consacré aux activités physiques, pour un total d'au moins 30 minutes pour les adultes et davantage pour les enfants.

Alimentation / nutrition

- Mangez au moins deux portions de fruits ou de légumes à chaque repas.
- Conservez un maximum de trois desserts sucrés par semaine.
- Mangez une soupe, une salade, des crudités ou buvez un jus de tomate (ou de légumes) avant le plat principal, et attendez cinq minutes entre les deux.

Repos / sommeil

- Si votre enfant dort moins de 10 heures, devancez l'heure du coucher de 15 minutes supplémentaires.

Écrans

- Transformez l'écoute passive en écoute active (voir à la page 135). Laissez la télécommande à côté de la télévision, afin de vous lever pour changer de chaîne ou pour ajuster le volume (dites à votre enfant que c'est ce que vous faisiez quand vous étiez jeune !).

SEMAINE 7

Famille / repas de famille

- Faites les courses toute la famille ensemble. Pour ce faire, prévoyez un moment où vous ne serez pas trop pressé ni impatient afin qu'il s'agisse d'une sortie agréable.

Activités

- Diminuez encore de 15 minutes par jour le temps consacré à des activités passives.

Alimentation / nutrition

- Servez-vous du modèle de « l'assiette santé » (voir à la page 81) pour garnir vos assiettes.
- Préparez deux repas de poisson chaque semaine.
- Réservez-vous un maximum de deux desserts sucrés par semaine.

Repos / sommeil

- Lisez, écoutez de la musique, placotez ou faites une autre activité calme que vous aimez avec votre enfant pendant 30 minutes avant qu'il aille au lit.

Écrans

- Limitez à un maximum de deux heures par jour l'écoute de la télé et le temps passé à jouer à des jeux vidéo ou électroniques, ou à clavarder.

SEMAINE 8

Famille / repas de famille

- Planifiez manger toute la famille ensemble au moins cinq fois par semaine.

Activités

- Réunissez-vous pour parler des bienfaits que l'activité physique vous apporte et des motivations qui vous incitent à bouger. Y a-t-il quelque chose à changer pour renforcer vos habitudes ? Poser la question, c'est y répondre !

Alimentation / nutrition

- Buvez de l'eau plutôt que du jus ou des boissons gazeuses aux repas et entre les repas.
- Mangez au moins trois portions de grains entiers par jour.
- Préparez deux repas de légumineuses ou de tofu chaque semaine.

Repos / sommeil

- Si votre enfant dort moins de 10 heures, devancez l'heure du coucher de 15 minutes supplémentaires.

Écrans

- Essayez une soirée sans écran par semaine. Prévoyez des activités pour vous tenir occupés.

Annexe 3

GUIDE ALIMENTAIRE CANADIEN

Santé Canada | Health Canada

Votre santé et votre sécurité... notre priorité. | Your health and safety... our priority.

Bien manger avec le

Guide alimentaire canadien

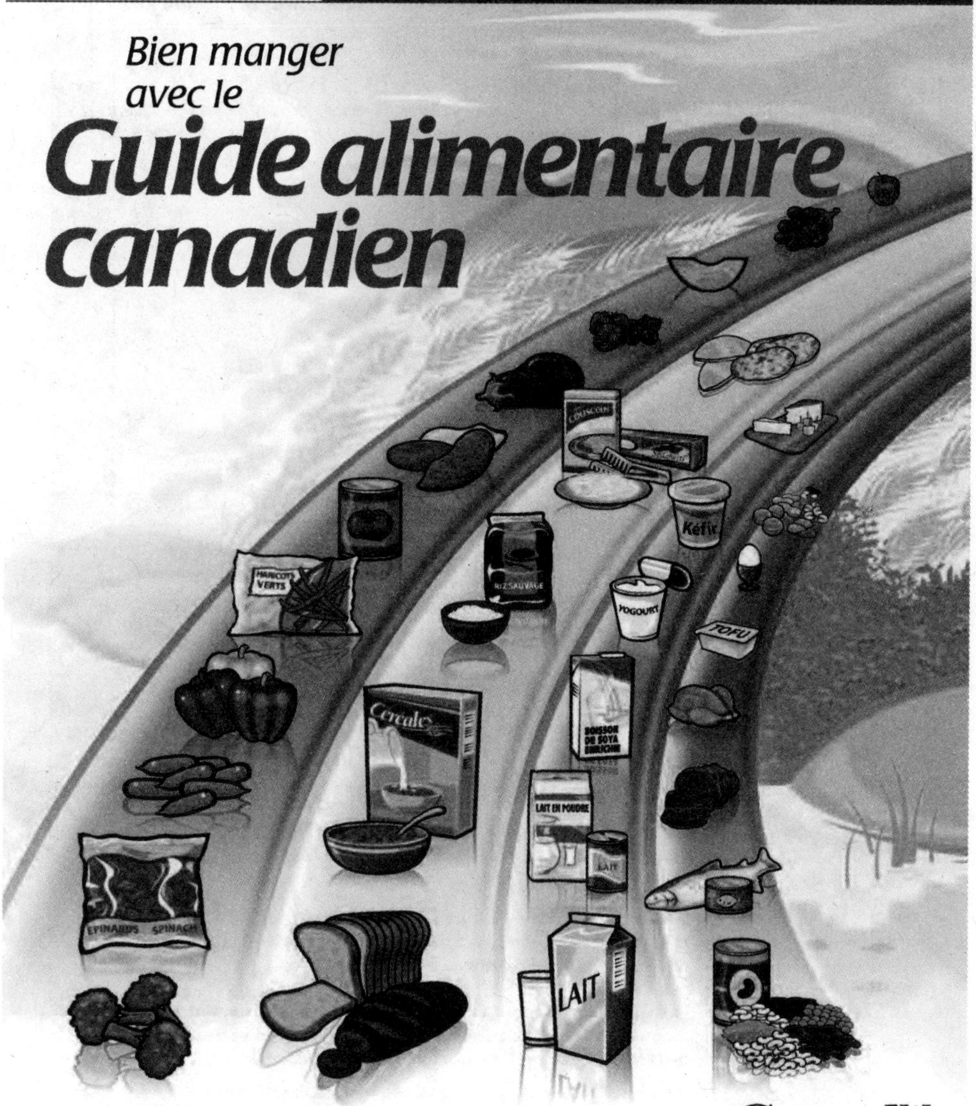

Canada

Nombre de portions du Guide alimentaire recommandé chaque jour

	Enfants			Adolescents		Adultes			
Âge (ans)	2-3	4-8	9-13	14-18		19-50		51+	
Sexe	Filles et garçons			Filles	Garçons	Femmes	Hommes	Femmes	Hommes
Légumes et fruits	4	5	6	7	8	7-8	8-10	7	7
Produits céréaliers	3	4	6	6	7	6-7	8	6	7
Lait et substituts	2	2	3-4	3-4	3-4	2	2	3	3
Viandes et substituts	1	1	1-2	2	3	2	3	2	3

Le tableau ci-dessus indique le nombre de portions du Guide alimentaire dont vous avez besoin chaque jour dans chacun des quatre groupes alimentaires.

Le fait de consommer les quantités et les types d'aliments recommandés dans le *Guide alimentaire canadien* et de mettre en pratique les trucs fournis vous aidera à :

- Combler vos besoins en vitamines, minéraux et autres éléments nutritifs.
- Réduire le risque d'obésité, de diabète de type 2, de maladies du coeur, de certains types de cancer et d'ostéoporose.
- Atteindre un état de santé globale et de bien-être.

Conseils en fonction de l'âge et des étapes de la vie

Enfants

En suivant le *Guide alimentaire canadien*, les enfants peuvent grandir et se développer en santé.

Même s'ils ont un petit appétit, les jeunes enfants ont besoin de calories pour grandir et se développer.

- Servez-leur de petits repas et collations nutritifs chaque jour.
- Ne les privez pas d'aliments nutritifs à cause de la quantité de lipides qu'ils contiennent. Offrez-leur une variété d'aliments provenant des quatre groupes alimentaires.
- Surtout, donnez-leur le bon exemple !

Femmes en âge de procréer

Toutes les femmes pouvant devenir enceintes, les femmes enceintes et celles qui allaitent devraient prendre une multivitamine renfermant de l'**acide folique** chaque jour. Les femmes enceintes doivent s'assurer que cette multivitamine renferme également du **fer**. Un professionnel de la santé peut vous aider à choisir le type de multivitamine qui vous convient.

Les besoins en calories sont plus élevés chez les femmes enceintes et celles qui allaitent. C'est pourquoi elles devraient consommer chaque jour 2 ou 3 portions additionnelles du Guide alimentaire.

Voici deux exemples :

- Manger un fruit et un yogourt à la collation, ou
- Manger une rôtie de plus au déjeuner et boire un verre de lait de plus au souper.

Hommes et femmes de plus de 50 ans

Les besoins en **vitamine D** augmentent après l'âge de 50 ans.

En plus de suivre le *Guide alimentaire canadien*, toutes les personnes de plus de 50 ans devraient prendre chaque jour un supplément de 10 µg (400 UI) de vitamine D.

Comment puis-je calculer le nombre de portions du Guide alimentaire dans un repas ?

Voici un exemple :

Sauté de légumes et boeuf avec du riz, un verre de lait et une pomme comme dessert		
250 mL (1 tasse) de brocoli, carottes et poivrons rouges	=	2 portions du Guide alimentaire de **Légumes et fruits**
75 g (2 ½ onces) de boeuf maigre	=	1 portion du Guide alimentaire de **Viandes et substituts**
250 mL (1 tasse) de riz brun	=	2 portions du Guide alimentaire de **Produits céréaliers**
5 mL (1 c. à thé) d'huile de canola	=	une partie de votre apport quotidien en **Huiles et autres matières grasses**
250 mL (1 tasse) de lait 1 % M.G.	=	1 portion du Guide alimentaire de **Lait et substituts**
1 pomme	=	1 portion du Guide alimentaire de **Légumes et fruits**

Mangez bien et soyez actif chaque jour !

Bien manger et être actif comportent de nombreux avantages :

- une meilleure santé globale,
- une diminution du risque de maladies,
- un poids santé,
- une sensation de bien-être et une meilleure apparence,
- un regain d'énergie,
- un renforcement des muscles et des os.

Soyez actif

La pratique quotidienne de l'activité physique représente une étape vers une meilleure santé et un poids santé.

Le Guide d'activité physique canadien recommande aux adultes d'accumuler de 30 à 60 minutes d'activités physiques modérées chaque jour. Il recommande aux enfants et aux jeunes d'en accumuler au moins 90 minutes par jour. Il n'est pas nécessaire de faire toutes ces activités au même moment. Les adultes peuvent additionner des séances d'au moins 10 minutes, tandis que les enfants et les jeunes peuvent additionner des séances de 5 minutes.

Commencez doucement, puis augmentez graduellement.

Mangez bien

Une autre étape importante vers une meilleure santé et un poids santé consiste à suivre le *Guide alimentaire canadien*, c'est-à-dire :

- Consommer les quantités et les types d'aliments recommandés chaque jour.
- Limiter la consommation d'aliments et boissons riches en calories, lipides, sucre ou sel (sodium), tels que : beignes et muffins, biscuits et barres granola, chocolat et bonbons, crème glacée et desserts surgelés, croustilles, nachos et autres grignotines salées, frites, gâteaux et pâtisseries, alcool, boissons aromatisées aux fruits, boissons gazeuses, boissons sportives et énergisantes, boissons sucrées chaudes ou froides.

Consultez les étiquettes

- Comparez les tableaux de la valeur nutritive sur les étiquettes des aliments pour choisir des produits qui contiennent moins de lipides, de lipides saturés et trans, de sucre et de sodium.
- Rappelez-vous que les quantités de calories et d'éléments nutritifs correspondent à la quantité d'aliment indiquée en haut du tableau de la valeur nutritive.

Valeur nutritive
par 0 mL (0 g)

Teneur	% valeur quotidienne
Calories 0	
Lipides 0 g	0 %
saturés 0 g + trans 0 g	0 %
Cholestérol 0 mg	
Sodium 0 mg	0 %
Glucides 0 g	0 %
Fibres 0 g	0 %
Sucres 0 g	
Protéines 0 g	
Vitamine A 0 %	Vitamine C 0 %
Calcium 0 %	Fer 0 %

Limitez votre consommation de lipides trans

Lorsqu'il n'y a pas de tableau de la valeur nutritive, demandez qu'on vous fournisse de l'information nutritionnelle afin de choisir des aliments plus faibles en lipides saturés et trans.

Commencez dès aujourd'hui...

- ✓ Prenez un petit-déjeuner tous les matins. Cela pourrait vous aider à contrôler votre faim plus tard dans la journée.
- ✓ Marchez aussi souvent que vous le pouvez. Descendez de l'autobus avant d'arriver à destination, empruntez les escaliers, etc.
- ✓ Savourez des légumes et des fruits à tous les repas et aux collations.
- ✓ Réduisez les périodes d'inactivité passées devant la télévision ou l'ordinateur.
- ✓ Lorsque vous mangez à l'extérieur, demandez qu'on vous fournisse de l'information nutritionnelle sur les aliments au menu afin de faire des choix plus sains.
- ✓ Prenez plaisir à manger en famille ou avec vos amis !
- ✓ Prenez le temps de manger et de savourer chaque bouchée !

Pour obtenir de plus amples informations, des outils interactifs ou des copies supplémentaires, consultez le Guide alimentaire canadien en ligne :
www.santecanada.gc.ca/guidealimentaire

ou communiquez avec :

Publications
Santé Canada
Ottawa, Ontario K1A 0K9
Courriel : publications@hc-sc.gc.ca
Tél. : 1-866-225-0709
Téléc. : (613) 941-5366
ATS : 1-800-267-1245

Also available in English under the title: Eating Well with Canada's Food Guide.

La présente publication est également disponible sur demande sur disquette, en gros caractères, sur bande sonore ou en braille.

QUELQUES RESSOURCES SUPPLÉMENTAIRES

Pour d'autres informations, conseils, idées et exemples, voici quelques ressources intéressantes.

Groupe Harmonie Santé
[www.harmoniesante.com]
Ce site d'un regroupement de diététistes-nutritionnistes propose des conseils, des informations sur les aliments et la santé, et des recettes par dizaines. On y offre aussi des services et des projets pour les individus, les écoles, les services de garde et les entreprises. Le site permet finalement de trouver une nutritionniste près de chez vous.

Les Diététistes du Canada
[www.dietetistes.ca]
La section intitulée « À l'intention des consommateurs » regroupe des ressources permettant notamment d'évaluer vos choix alimentaires et vos habitudes, d'élaborer des menus santé, de faire des achats éclairés, de créer des environnements favorables à une alimentation et à un mode de vie sains, de faire des activités amusantes, et d'en connaître davantage sur votre santé et celle de vos enfants.

Extenso
[www.extenso.org]
Ce centre de référence sur la nutrition humaine de l'Université de Montréal traite de divers sujets d'actualité, de mythes, de nutrition adaptée à tous les âges et plus encore. Il publie également un bulletin électronique mensuel gratuit.

Bien dans sa tête, bien dans sa peau

[www.biendanssapeau.ca]

Tél. : 514 270-3779 ou 1 877 270-3779

Un incontournable non seulement pour comprendre la préoccupation de l'image corporelle chez les enfants et les adolescents, mais aussi pour aider à prévenir les problèmes qui en découlent. Le site fournit des informations et des outils s'adressant aux parents et aux enseignants, sans oublier tous les détails sur le programme scolaire *Bien dans sa tête, bien dans sa peau*.

Réseau canadien de la santé

[www.reseau-canadien-sante.ca]

Il s'agit d'un programme national de promotion de la santé sur le Web. On y trouve une foule d'informations et de conseils pratiques pour favoriser la santé physique et mentale, notamment sur les plans de l'alimentation et de l'activité physique. Plusieurs dossiers concernent spécifiquement les jeunes et les familles.

Investir dans l'enfance

[www.investirdanslenfance.ca]

On y trouve des informations sur les développements physique, moteur, intellectuel, social, émotionnel et langagier des enfants de tous âges. Le site contient une foule de conseils pratiques pour faire face à des difficultés courantes liées à leur éducation ainsi que des suggestions d'activités physiques et de bricolage, des recettes et bien plus !

Vas-y

[www.vasy.gouv.qc.ca]

Le programme de promotion des saines habitudes de vie *Vas-y, fais-le pour toi !* fait la promotion d'une multitude d'activités pour rester en forme et bouger. Même si le programme s'adresse au départ à des adultes de 24 à 54 ans, il vise aussi les jeunes familles. Ce site Internet regroupe une foule d'informations sur l'activité physique et l'alimentation, des propositions d'activités pour toutes les saisons, des recettes amusantes avec des fruits et des légumes, et plus encore. Les sujets sont très variés.

BIBLIOGRAPHIE

Chapitre 1

BRADDON, F. E. M., et autres. « Onset of obesity in a 36 year birth cohort study », *British Medical Journal*, 293, 1986, p. 299-303.

BURDETTE, H. L., et R. C. WHITAKER. « A national study of neighborhood safety, outdoor play, television viewing, and obesity in preschool children », *Pediatrics*, 116 (3), 2005, p. 657-662.

CALLE, E. E., et autres. « Overweight, obesity, and mortality from cancer in a prospectively studied cohort of U.S. adults », *The New England Journal of Medicine*, 17 (348), 2003, p. 1625-1638.

COMITÉ PERMANENT DE LA SANTÉ. *Des enfants en santé : une question de poids*, Rapport du Comité permanent de la santé, Chambre des communes du Canada, mars 2007, 66 p.

COON, K. A., et autres. « Relationships between use of television during meals and children's food consumption patterns », *Pediatrics*, 107 (1), 2001, p. 7.

DANIELS, S. R. « The consequences of childhood overweight and obesity », *The Future of Children*, 16 (1), 2006, p. 47-67.

DEANE, S., et A. THOMSON. « Obesity and the pulmonologist », *Archives of disease in childhood*, 91 (2), 2006, p. 188-191.

FAITH, M. S., et autres. « Parental feeding attitudes and styles and child body mass index : prospective analysis of a gene-environment interaction », *Pediatrics*, 114 (4), 2004, p. 429-436.

FLEGAL, K. M. « Excess deaths associated with underweight, overweight, and obesity », *Journal of the American Medical Association*, 293 (15), 2005, p. 1861-1867.

FONTAINE, K. R., et autres. « Years of life lost due to obesity », *Journal of the American Medical Association*, 289 (2), 2003, p. 187-193.

GROUPE D'ACTION SUR LE POIDS ÉQUILIBRE. Programme *Bien dans sa tête, bien dans sa peau*, [www.biendanssapeau.ca].

HE, M., et C. BEYNON. « Prevalence of overweight and obesity in school-aged children », *Canadian Journal of Dietetic Practice and Research*, 67 (3), 2006, p. 125-129.

HOOD, M. Y., et autres. « Parental eating attitudes and the development of obesity in children. The Framingham Children's Study », *International Journal of Obesity and Related Metabolic Disorders*, 24 (10), 2000, p. 1319-1325.

INSTITUT DE LA STATISTIQUE DU QUÉBEC. *Enquête sociale et de santé auprès des enfants et des adolescents québécois, 1999*, Québec, Institut de la statistique du Québec, collection « La santé et le bien-être », 2002, 61 p.

JACOBSON, M. F., et J. HURLEY. *Restaurant CONFIDENTIAL*, Workman Publishing Company, 2002, 366 p.

JEFFREYS, M., et autres. « Childhood body mass index and later cancer risk: a 50 year follow up of the Boyd Orr study », *International Journal of Cancer*, 112, 2004, p. 348-351.

JINGXIONG, J., et autres. « Risk factors for overweight in 2- to 6-year-old children in Beijing, China », *International Journal of Pediatric Obesity*, 1 (2), 2006, p. 103-108.

JOHANNSEN, D. L., et autres. « Influence of parents' eating behaviors and child feeding practices on children's weight status », *Obesity*, 14 (3), 2006, p. 431-439.

KATZMARZYK, P. T., et C. MASON. « Prevalence of class I, II and III obesity in Canada », *Canadian Medical Association Journal*, 174 (2), 2006, p. 156-157.

KIRKPATRICK, S., et V. TARASUK. « The Relationship between low income and household food expenditure patterns in Canada », *Public Health Nutrition*, 6 (6), 2003, p. 589-597.

LUMENG, J. C. « Neighborhood safety and overweight status in children », *Archives of Pediatrics & Adolescent Medicine*, 160 (1), 2006, p. 25-31.

MAFFEIS, C., et autres. « Distribution of food intake as a risk factor for childhood obesity », *International Journal of Obesity and Related Metabolic Disorders*, 24 (1), 2000, p. 75-80.

MAFFEIS, C., et autres. « Influence of diet, physical activity and parents' obesity on children's adiposity: A four-year longitudinal study », *International Journal of Obesity and Related Metabolic Disorders*, 22 (8), 1998, p. 758-764.

MARQUIS, M., et autres. « Does Eating While Watching Television Influence Children's Food-Related Behaviours ? », *Canadian Journal of Dietetic Practice and Research*, 66 (1), 2005, p. 12-18.

NIELSEN, S. J., et B. M. POPKIN. « Patterns and trends in food portion sizes, 1977-1998 » *Journal of the American Medical Association*, 289 (4), 2003, p. 450-453.

O'LOUGHLIN, J., et autres. « A five-year trend of increasing obesity among elementary school children in multi-ethnic low-income, inner-city neighborhoods in Montreal, Canada », *International Journal of Obesity Related Metabolic Disorders*, 24(9), 2000, p. 1176-1182.

OGDEN, C. L., et autres. « Prevalence of overweight and obesity in the United States, 1999-2004 », *Journal of the American Medical Association*, 295 (13), 2006, p. 1549-1555.

OLSHANSKY, S. J., et autres. « A potential decline in life expectancy in the United States in the 21st century », *New England Journal of Medicine*, 352 (11), 2005, p. 1138-1145.

ORDRE PROFESSIONNEL DES DIÉTÉTISTES DU QUÉBEC. « Obésité et contrôle de poids chez l'enfant et l'adolescent », *Manuel de nutrition clinique en ligne*, Montréal, Ordre professionnel des diététistes du Québec, 2000.

ORGANISATION MONDIALE DE LA SANTÉ. *Obesity : Preventing and managing the global epidemic. Report of a WHO consultation*, Organisation mondiale de la santé, 1998.

SCHWARTZ, J., et C. BYRD-BREDBENNER. « Portion Distortion : Typical Portion Sizes Selected by Young Adults », *The Journal of the American Dietetic Association*, 106 (9), 2006, p. 1412-1418.

SHIELDS, M. *L'embonpoint chez les enfants et les adolescents au Canada. Nutrition : Résultats de l'Enquête sur la santé dans les collectivités canadiennes 2004*, Statistique Canada, 2005, 40 p.

SOCIÉTÉ CANADIENNE DE PÉDIATRIE. « Healthy active living for children and youth », *Pediatrics & Child Health*, 7(5), 2002, p. 339-345.

WANG, Y., et T. LOBSTEIN. « Worldwide trends in childhood overweight and obesity », *International Journal of Pediatric Obesity*, 1, 2006, p. 11-26.

WHITAKER, R. C., et autres. « The relationship of childhood adiposity to parent body mass index and eating behavior », *Obesity Research*, 8 (3), 2000, p. 234-240.

WILSON, N., et autres. « Food ads on TV : A health hazard for children ? », *Australian and New Zealand Journal of Public Health*, 23, 1999, p. 647-650.

YOUNG, L. R., et M. NESTLE. « Expanding portion sizes in the US marketplace : Implications for nutrition counseling », *Journal of the American Dietetic Association*, 103, 2003, p. 231-234.

Chapitre 2

GROUPE D'ACTION SUR LE POIDS ÉQUILIBRE. Programme *Bien dans sa tête, bien dans sa peau*, [www.biendanssapeau.ca].

INSTITUT NATIONAL DE LA SANTÉ ET DE LA RECHERCHE MÉDICALE. *L'obésité de l'enfant : un phénomène des sociétés occidentales*, Paris, Institut national de la santé et de la recherche médicale, 2006, [www.inserm.fr].

ORDRE PROFESSIONNEL DES DIÉTÉTISTES DU QUÉBEC. « Obésité et contrôle de poids chez l'enfant et l'adolescent », *Manuel de nutrition clinique en ligne*, Montréal, Ordre professionnel des diététistes du Québec, 2000.

SOCIÉTÉ CANADIENNE DE PÉDIATRIE, LES DIÉTÉTISTES DU CANADA, COLLÈGE DES MÉDECINS DE FAMILLE DU CANADA, ASSOCIATION CANADIENNE DES INFIRMIÈRES ET INFIRMIERS EN SANTÉ COMMUNAUTAIRE. *Guide du professionnel de la santé pour l'usage des courbes de croissance*, 2004, document en ligne, [www.dietetistes.ca].

Chapitre 3

AMERICAN ACADEMY OF PEDIATRICS. « Family pediatrics : Report of the task force on the family », *Pediatrics*, 111 (6), 2003, p. 1541-1571.

BROWN, R., et J. OGDEN. « Children's eating attitudes and behaviour : A study of the modelling and control theories of parental influence », *Health Education Research*, 19 (3), 2004, p. 261-271.

FULKERSON, J. A., et autres. « Adolescent and parent views of family meals », *Journal of the American Dietetic Association*, 106 (4), 2006, p. 526-532.

GOLAN, M. « Parents as agents of change in childhood obesity – From research to practice », *International Journal of Pediatric Obesity*, 1 (1), 2006, p. 66-76.

PROVENCHER, V., et autres. « Familial resemblance in eating behaviors in men and women from the Quebec study », *Obesity Research*, 13, 2005, p. 1624-1629.

VEUGELERS, P. J., et A. L. FITZGERALD. « Prevalence of and risk factors for childhood overweight and obesity », *Canadian Medical Association Journal*, 173 (6), 2005, p. 607-613.

Chapitre 4

BOWMAN, S. A., et autres. « Effect of fast-food consumption on energy intake and diet quality among children in a national household survey », *Pediatrics*, 113, 2003, p. 112-118.

GARRIGUET, D. *Vue d'ensemble des habitudes alimentaires des Canadiens 2004. Nutrition : Résultats de l'Enquête sur la santé dans les collectivités canadiennes*, Ottawa, Statistique Canada, 2006, 48 p.

INSTITUT DE LA STATISTIQUE DU QUÉBEC. *Enquête de nutrition auprès des enfants québécois de 4 ans*, Québec, Gouvernement de Québec, 2005.

LARIMORE, W., et autres. *SuperSized Kids*, New York, Center Street, 2005, 306 p.

NIEMEIER, H. M., et autres. « Fast food consumption and breakfast skipping : Predictors of weight gain from adolescence to adulthood in a nationally representative sample », *The Journal of Adolescent Health*, 39 (6), 2006, p. 842-849.

PHILLIPS, S., et autres. « Food habits of Canadians : Food sources of nutrients for the adolescent sample », *Canadian Journal of Dietetic Practice and Research*, 65 (2), 2004, p. 81-84.

STARKEY, L. J., et autres. « Food habits of Canadians : Comparison of intakes in adults and adolescents to Canada's food guide to healthy eating », *Canadian Journal of Dietetic Practice and Research*, 62 (2), 2001, p. 61-69.

Chapitre 5

BRAULT DUBUC, M., et L. CARON LAHAIE. *Valeur nutritive des aliments*, Saint-Lambert, Société Brault-Lahaie, 2003, 329 p.

CÔTÉ, S. « La guerre aux trans », *Protégez-Vous*, mai 2004, p. 31-33.

CÔTÉ, S. *Le guide pratique de l'alimentation – Bien acheter pour mieux manger*, Montréal, Les Éditions Protégez-Vous, 2004, 135 p.

CÔTÉ, S. « Mangez plus sans engraisser », *Protégez-Vous*, mars 2006, p. 30-34.

Ludwig, D. S., et autres. « Relation between consumption of sugar-sweetened drinks and childhood obesity : A prospective, observational analysis », *The Lancet*, 357 (9255), 2001, p. 505-508.

Chapitre 6

Arenz, S., et autres. « Breast-feeding and childhood obesity – a systematic review », *International Journal of Obesity*, 28, 2004, p. 1247-1256.

Birch, L. L. « Development of food acceptance patterns in the first years of life », *The Proceedings of the Nutrition Society*, 57 (4), 1998, p. 617-624.

Birch, L. L., et K. K. Davison. « Family environmental factors influencing the developing behavioral controls of food intake and childhood overweight », *Pediatric Clinics of North America*, 48 (4), 2001, p. 893-907.

Breton, M., et I. Emond. *À table en famille*, Montréal, Flammarion Québec, 2006, 190 p.

DeJongh, E. D. « Fat mass gain is lower in calcium-supplemented than in unsupplemented preschool children with low dietary calcium intakes », *The American Journal of Clinical Nutrition*, 84 (5), 2006, p. 1123-1127.

Fisher, J. O. « Effects of age on children's intake of large and self-selected food portions », *Obesity*, 15, 2007, p. 403-412.

Grimm, G. C., et autres. « Factors associated with soft drink consumption in school-aged children », *Journal of the American Dietetic Association*, 104 (8), 2004, p. 1244-1249.

Groupe d'action sur le poids ÉquiLibre. Programme *Bien dans sa tête, bien dans sa peau* », [www.biendanssapeau.ca].

James, J., et autres. « Preventing childhood obesity by reducing consumption of carbonated drinks; cluster randomized controlled trial », *British Medical Journal*. 22, mai 2004, 328(7450), p. 1237.

Koletzko, B. « Long-term consequences of early feeding on later obesity risk », *Nestlé Nutrition Workshop Series. Paediatric programme*, 58, 2006, p. 1-18.

Leann, L., et autres. « Development of eating behaviors among children and adolescents », *Pediatrics*, 101 (3 Pt 2), 1998, p. 539-549.

Ludwig, D. S., et autres. « Relation between consumption of sugarsweetened drinks and childhood obesity : A prospective, observational analysis », *Lancet*, 357, 2001, p. 505-508.

O'Connor, T. M., et autres. « Beverage intake among preschool children and its effect on weight status », *Pediatrics*, 118 (4), 2006, p. e1010-10018.

Rampersaud, G. C., et autres. « Breakfast habits, nutritional status, body weight, and academic performance in children and adolescents », *Journal of the American Dietetic Association*, 105 (5), 2005, p. 743-760.

St-Onge, M. P., et autres. « Changes in childhood food consumption patterns : A cause for concern in light of increasing body weights », *The American Journal of Clinical Nutrition*, 78, 2003, p. 1068-1073.

Striegel-Moore, R. H., et autres. « Correlates of beverage intake in adolescent Girls : The National Heart, Lung and Blood Institute Growth and Health Study », *The Journal of Pediatrics*, 148, 2006, p. 183-187.

Venti, C. A., et autres. « Lack of relationship between calcium intake and body size in an obesity-prone population », *The Journal of the American Dietetic Association*, 105 (9), 2005, p. 1401-1407.

Chapitre 7

Bowman, S. A., et autres. « Effects of fast-food consumption on energy intake and diet quality among children in a national household survey », *Pediatrics*, 113, 2006, p. 112-118.

Breton, M., et I. Emond. *À table en famille*, Montréal, Flammarion Québec, 2006, 190 p.

French, S. A., et autres. « Fast food restaurant use among adolescents : Associations with nutrient intake, food choices, and behavioral and psychosocial variables », *International Journal of Obesity and Related Metabolic Disorder*, 25, 2001, p. 1823-1833.

Lambert-Lagacé, L. *Comment nourrir son enfant*, Montréal, Les Éditions de l'Homme, 2007, 325 p.

Les Diététistes du Canada et autres. *Un départ santé pour la vie*, document en ligne, [www.dietetistes.ca].

Les diététistes-nutritionnistes du Groupe Harmonie Santé. *Besoins nutritionnels des enfants de 18 mois à 5 ans*, document en ligne, 2001, [www.harmoniesante.com].

Ordre professionnel des diététistes du Québec. « Alimentation des enfants et des adolescents », *Manuel de nutrition clinique en ligne*, 2000, [www.opdq.org].

Santé Canada. *Bien manger avec le Guide alimentaire canadien. Ressource à l'intention des éducateurs et communicateurs*, Ottawa, Gouvernement du Canada, 2007, 50 p.

Santé Canada. *Manger sainement : une priorité durant les années préscolaires*, Ottawa, Gouvernement du Canada, 2007.

Chapitre 8

Desharnais, R., et G. Godin. *Enquête sur la pratique des activités physiques au secondaire, Rapport de recherche*, Québec, Université Laval, étude réalisée pour la direction des sports (Kino-Québec), 1995, 77 p.

Janssen, I., et autres. « Overweight and obesity in Canadian adolescents and their associations with dietary habits and physical activity patterns », *The Journal of Adolescent Health*, 35 (5), 2004, p. 360-367.

Kino-Québec. Information en ligne (site consulté en février 2007), [www.kino-quebec.qc.ca].

Kino-Québec. *L'activité physique, déterminant de la santé des jeunes, avis du comité scientifique de Kino-Québec*, Secrétariat au loisir et au sport, Ministère de la Santé et des Services sociaux, Gouvernement du Québec, 2000, 24 p.

Lambert, N. *Le plaisir de bouger*, Montréal, Les Éditions de l'Homme, 2006, 279 p.

Les Diététistes du Canada. « Planificateur d'activités communes », *Un départ santé pour la vie*, Ordre des diététistes du Canada, 2003, document en ligne, [www.dietetistes.ca].

Sallis, J. F., et K. Patrick. « Physical activity guidelines for adolescents : Consensus statement », *Pediatric Exercise Science*, 6, 1994, p. 302-314.

Te Velde, S. J., et autres. « Patterns in sedentary and exercise behavior and associations with overweight in 9-14-year-old boys and girls – a cross-sectional study », *BMC Public health*, 7 (1), 2007, p. 16.

U.S. Department of health and human services, Centers for Disease Control and Prevention. « Guidelines for School and Community Programs to Promote Lifelong Physical Activity Among Young People », *Morbidity and Mortality Weekly Report*, mars 1997.

Chapitre 9

Chaput, J.-P., et autres. « Relationship between short sleeping hours and childhood overweight/obesity : Results from the 'Québec en Forme' Project », *International Journal of Obesity*, 30, 2006, p. 1080-1085.

Dennison, B. A. « Television viewing and television in bedroom associated with overweight risk among low-income preschool children », *Pediatrics*, 109 (6), 2002, p. 1028-1035.

Santé Canada. *La caféine et votre santé*, document en ligne (consulté en mai 2007), [www.sc.gc.ca].

Sekine, M., et autres. « A dose-response relationship between short sleeping hours and childhood obesity : Results of the Toyama Birth Cohort Study », *Child : Care, Health and Development*, 28 (2), 2002, p. 163-170.

Sivak, M. « Sleeping more as a way to lose weight », *Obesity Reviews*, 7 (3), 2006, p. 295-296.

Société canadienne du sommeil. *Le sommeil des enfants*, 2006, document en ligne (consulté en février 2007), [www.css.to].

Taheri, S., et autres. « Short sleep duration is associated with reduced leptin, elevated ghrelin, and increased body mass index », *PLoS Medicine*, 1 (3), 2004, p. 62.

Von Kries, R., et autres. « Reduced risk for overweight and obesity in 5- and 6-year-old children by duration of sleep – a cross-sectional study », *International Journal of Obesity and Metabolic Disorders*, 26 (5), 2002, p. 710-716.

Chapitre 10

Blass, E. M., et autres. « On the road to obesity : Television viewing increases intake of high-density foods », *Physiology & Behavior*, 88 (4-5), 2006, p. 597-604.

Cooper, T. V., et autres. « An assessment of obese and non obese girls' metabolic rate during television viewing, reading, and resting », *Eating Behaviors*, 7 (2), 2006, p. 105-114.

Grund, A., et autres. « Is TV viewing an index of physical activity and fitness in overweight and normal weight children ? », *Public Health Nutrition*, 4 (6), 2001, p. 1245-1251.

HALFORD, J. C., et autres. « Beyond-brand effect of television (TV) food advertisements/commercials on caloric intake and food choice of 5-7-year-old children », *Appetite*, 49 (1), 2007, p. 263-267.

HU, F. B., et autres. « Television watching and other sedentary behaviors in relation to risk of obesity and type 2 diabetes mellitus in women », *Journal of American Medical Association*, 289, 2003, p. 1785-1791.

KLESGES, R. C., et autres. « Effects of television on metabolic rate : potential implications for childhood obesity », *Pediatrics*, 91 (2), 1993, p. 281-286.

MASON, D., et K. MASON. *How to get the best of TV (Before It Gets the Best of You)*, Nashville, Broadman & Holman Publishers, 1996, 272 p. Extrait tiré du site Internet [www.christiananswers.net/tv1].

MATHESON, D. M., et autres. « Children's food consumption during television viewing », *The American Journal of Clinical Nutrition*, 79 (6), 2005, p. 1088-1094.

SANTÉ CANADA. « Caféine », *Votre santé et vous*, document en ligne, 2006, [www.sc.gc.ca].

TAVERAS, E. M., et autres. « The association of television and video viewing with fast food intake by preschool-age children », *Obesity (Silver Spring)*, 14 (11), 2006, p. 2034-2041.

TEMPLE, J. L., et autres. « Television watching increases motivated responding for food and energy intake in children », *The American Journal of Clinical Nutrition*, 85 (2), 2007, p. 355-361.

UNNITHAN, V. B., et autres. « Evaluation of the energy cost of playing a dance simulation video game in overweight and non-overweight children and adolescents », *International Journal of Sports Medicine*, 27, 2006, p. 804-809.

WANG, X., et A. C. PERRY. « Metabolic and physiologic responses to video game play in 7- to 10-year-old boys », *Archives of Pediatrics & Adolescent Medicine*, 160 (4), 2006, p. 411-415.

Chapitre 11

ÉQUILIBRE, GROUPE D'ACTION SUR LE POIDS. Programme *Bien dans sa tête, bien dans sa peau*, [www.biendanssapeau.ca], 2007.

Ordre professionnel des diététistes du Québec. « Obésité et contrôle de poids chez l'enfant et l'adolescent », *Manuel de nutrition clinique en ligne*, 2000, [www.opdq.org].

Société canadienne de pédiatrie. Information en ligne, 2007, [www.cps.ca].

Chapitre 12

Canadian Association for School Health. « Comprehensive school health. Schools and communities, working in partnership to create and foster health-promoting schools », *Canadian Consensus Statement*, 2006, 4 p.

Conférences du symposium. *Prévenir l'obésité : les ingrédients d'un plan gouvernemental fructueux*, Dixièmes journées annuelles de santé publique, Montréal, Institut national de santé publique du Québec, 2006.

Haskins, R., et autres. « Fighting obesity in the public schools », *The Future of children*, printemps 2006, 6 p.

Healthy Child Manitoba. *Manitoba School Nutrition Handbook. Getting started with guidelines and policies*, Winnipeg, Gouvernement du Manitoba, 63 p.

Institut de la statistique du Québec. *Enquête sociale et de santé auprès des enfants et des adolescents québécois, 1999*, Québec, Institut de la statistique du Québec, collection « La santé et le bien-être », 2002, 61 p.

Institute of Medicine of The National Academies. *Communities Can Play a Role in Preventing Childhood Obesity*, septembre 2004, [www.iom.edu].

Institute of Medicine of The National Academies. *Schools Can Play a Role in Preventing Childhood Obesity*, septembre 2004, [www.iom.edu].

Fédération canadienne des enseignantes et des enseignants, Centre canadien de politiques alternatives et Fédération des syndicats de l'enseignement. *La commercialisation des écoles canadiennes : qui mène la barque ?*, 2006, 48 p.

Les Diététistes du Canada. *Childhood Obesity – A Brief Presented to the House of Commons Standing Committee on Health*, octobre 2006, 10 p.

Les Diététistes du Canada. « Le projet sur la nutrition dans les écoles du Manitoba. Ce que les écoles nous ont indiqué », *Santé Manitoba et Vie saine*, document en ligne, 2006, 14 p., [www.dietetistes.ca].

ORGANISATION MONDIALE DE LA SANTÉ. « What is the evidence on school health promotion in improving health or preventing disease and, specifically, what is the effectiveness of the health promoting schools approach ? », *Health Evidence Network*, 2006, 26 p.

SANTÉ CANADA. *Éléments de réflexion : les écoles et la nutrition*, Ottawa, Gouvernement du Canada, 1997, 6 p.

TAYLOR, R. W., et autres. « Reducing weight gain in children through enhancing physical activity and nutrition : The APPLE project », *International Journal of Pediatric Obesity*, 1 (3), 2006, p. 146-152.

THIBAULT, I., et M. MARQUIS. « L'éducation en nutrition en milieu scolaire », *Revue canadienne de la pratique et de la recherche en diététique*, 67, 2006, p. 202-205.

UNITÉ DE SURVEILLANCE ET D'ÉPIDÉMIOLOGIE NUTRITIONNELLE, 1997-2003, UNITÉ MIXTE DE L'INSTITUT DE VEILLE SANITAIRE ET CONSERVATOIRE NATIONAL DES ARTS ET MÉTIERS. *Situation et évolution des apports alimentaires de la population en France, 1997-2003*, document en ligne, mai 2005, 98 p., [www.invs.sante.fr].

U.S. DEPARTMENT OF HEALTH AND HUMAN SERVICES, CENTERS FOR DISEASE CONTROL AND PREVENTION. « Guidelines for school health programs to promote lifelong healthy eating », *Morbidity and Mortality Weekly Report*, juin 1996.

VEUGELERS, P. J., et A. L. FITZGERALD. « Effectiveness of school programs in preventing childhood obesity : A multilevel comparison », *American Journal of Public Health*, 95 (3), 2005, p. 432-435.

INDEX DES RECETTES

TABLE DES MATIÈRES

Achevé d'imprimer au Canada
sur papier Quebecor Enviro 100% recyclé
sur les presses de Quebecor World Saint-Romuald